August von Kotzebue
Meine Flucht nach Paris im Winter 1790.
Für bekannte und unbekannte Freunde geschrieben von
August von Kotzebue

Kotzebue, August von: Meine Flucht nach Paris im Winter 1790.
Für bekannte und unbekannte Freunde geschrieben von August von
Kotzebue. 2019
Neuauflage der Ausgabe von 1883
ISBN: 978-3-96345-014-3

Korrektorat: Carmen Oberlechner
Satz: Carmen Oberlechner

Umschlaggestaltung: Annelie Lamers, SEVERUS Verlag
Umschlagmotiv: www.pixabay.com

Bibliografische Information der Deutschen Nationalbibliothek: Die
Deutsche Nationalbibliothek verzeichnet diese Publikation in der
Deutschen Nationalbibliografie; detaillierte bibliografische Daten
sind im Internet über https://dnb.de abrufbar.

Der SEVERUS Verlag ist ein Imprint der Bedey & Thoms Media GmbH,
Hermannstal 119k, 22119 Hamburg

SEVERUS Verlag, 2019
http://www.severus-verlag.de
Gedruckt in Deutschland
Der SEVERUS Verlag übernimmt keine juristische Verantwortung
oder irgendeine Haftung für evtl. fehlerhafte Angaben und deren
Folgen.

August von Kotzebue

Meine Flucht nach Paris im Winter 1790

Für bekannte und unbekannte Freunde
geschrieben von August von Kotzebue

Inhalt

I. Paris im Jahre 1782 3

II. Kotzebue, seine Ehe und das Theater 43

III. Meine Flucht nach Paris im Winter 1790
    von August von Kotzebue 47

I.

Paris im Jahre 1782

Allgemeine Zeitbetrachtung von D. Paulus Cassel

Der französische Hof des vorigen Jahrhunderts nannte die Pariser „F r ö s c h e" *(grenouilles)*. Man kümmerte sich viel um das, was sie untereinander sprachen. „Was machen die Frösche?", fragten wohl die Prinzen einander in ihren Salons. Dieser Name der Pariser ist witzig gewählt und hat ein besonderes Interesse. Man leitet *Lutetia* und nicht mit Unrecht von *lutum* (Sumpf) ab. Grammont sagt vom Pariser Pöbel, „es sei ein Volk in Schmutz zusammengeballt am sumpfigen Ort, woher auch, wie die Meisten annehmen, der Name Sumpfstadt kommt." Und F r ö s c h e zum Schweigen zu bringen, ist nicht so leicht. Die alten Einwohner von Seriphus rühmten sich, dass, wenn in ihrem See die Frösche nicht quakten, dies allein durch die Einmischung des Zeus geschehen sei, der seinem Sohn Perseus eine ruhige Nacht gewähren wollte. An sich wäre der Sieger über die Gorgo nicht imstande gewesen, ihnen Ruhe zu gebieten. Die französischen Herren, denen kein Zeus mehr gegen die Frösche half, wussten andere Mittel. Man findet gerade in Frankreich den mittelalterlichen Brauch, dass, wenn der Feudalherr in sein Dorf kam und dort etwa zur Begehung von Festen, sei es wegen Vermählung oder Kindtaufe einige Zeit verweilte, die Untertanen das Wasser im Teich mit Ruten schlagen mussten, um die Frösche still zu machen. Man nannte dies *le silence des grenouilles*, die Stillung der Frösche. So hatten die Prinzen von Soubise in Roubair bei Lille eine Herrschaft, wo die Untertanen verpflichtet waren, einmal im Jahr die Sümpfe zu schlagen *(pour empêcher le bruit des grenouilles)*. Bei Nancy in Laron war ein Sumpf, den die Bauern in der Hochzeitsnacht des Gutsherrn peitschen mussten, damit die Frösche nicht störten. Wenn der Abt von Lureuil im Orte war, da schlugen die Einwohner den Weiher und sangen:

> *Pâ, pâ, renotte, pâ (Paix, paix, grenouilles, paix)*
> *Veci Mr. L'abbé, que dieu gâ (garde).*[1]

Dasselbe wird aus den „*Côtes du Nord*" berichtet. In der Vigilie des Johannistages mussten die Eigentümer zweier Häuser das Wasser eines Baches, der am Residenzschloss langsam sich hinschlängelte, mit Ruten schlagen und dabei den Vers sprechen:

> *Renonesselles, taisez vous (dreimal)*
> *Monsieur dort; laissez dormir Monsieur.*

Darauf waren sie verpflichtet, sich sogleich ins Haus zu begeben, um anzuzeigen, dass sie ihre Pflicht getan, die Frösche nichts mehr sagten und keinen Lärm mehr machten. Dort nannte man es „*le dépry des grenouilles*" und bezog es damit auf die Lehnspflicht der Untertanen. Aus der Bretagne[2] wird dasselbe aus Erci erzählt, wo die Herren von Bordage ihre Bauern dazu nötigten.

---

1 Jacob Grimm, Rechtsalterthümer, p. 355. 56.

2 Aus Habasque, Notions historiques sur les Côtes-du-Nord, bei Sebillot, Traditions et Superstitions de la Haute Bretagne, Paris 1882. tom. II. p. 236. 37.

Es war in diesem Brauch ein seltsames Symbol alter Feudalherrschaft ausgedrückt. Offenbar dachte man auch in Paris daran, wenn man vonseiten des Hofes die Pariser F r ö s c h e nannte. Sie schwatzten genug; ihren Babil zu stören, schien ganz unmöglich, aber er erschien auch im vorigen Jahrhundert ganz u n g e f ä h r l i c h . Man sagte im Jahre 1782 dem Volke von Paris nach, es sei „sanft, anständig, gebildet, leicht zum Führen *(doux, honnête, poli, facile a conduire)*. Es suche nichts, als sein Vergnügen". Wenn man die guten Leute etwa in jenem Jahr in den zwei Gattungen von Omnibussen, welche für die Fahrt nach Versailles privilegiert waren, fahren sah, konnte man das glauben. Der eine, C a r r a b a s , war mit acht Pferden bespannt und fuhr die 4 kleinen *lieues* in nicht weniger als s e c h s und einer halben Stunde. Etwa 20 Personen saßen darin in höchst gedrückter Stellung. Man wurde gebraten bei Sonnenschein; man wurde durchgewaschen, wenns regnete. Man konnte auch eine Gattung kleinerer Wagen benutzen, worin vier Personen saßen. Sie mussten etwa 12 Sous bezahlen. Die vorn saßen, hießen *singes* (Affen), die Hinteren *lapins* (Kaninchen). Der Wagen selbst hatte den Namen des *Pot du chambre*. Es waren dies die Gelegenheiten, mit welchen allein das Volk nach Versailles kam, um sich das Schloss und die königliche Familie anzusehen.

Wie sollte man ein Volk nicht für ungefährlich halten, das so viel Theater spielte! Nicht bloß etwa die Vornehmen waren damit beschäftigt. Es wurde nicht bloß vom Prinzen von Condé mit der Herzogin von Bourbon erzählt, nicht bloß die Königin agierte selbst auf ihrem Theater in Versailles – auch dem Herzog von Orleans wurde gutes Talent für die Komödie zugeschrieben – und alle Klassen machten es nach. Die Handwerker wurden Tragöden. Man erzählte in jenen Tagen von einem geschickten Schuhmacher, dem, während er einen verzweiflungsvollen Prinzen in einem

Trauerspiel agierte, der Regisseur des Stückes statt eines Dolches, den er brauchte, einen P f r i e m e n hingelegt hatte; der Künstler sah es im Eifer nicht und erstach sich vor den Augen des Volks, das Ströme von Tränen vergoss vor Lachen. Wie gemütlich war noch das Volk! Man konnte auch auf den Straßen von Paris das seltsame Schauspiel sehen, dass elegante Weltmänner mit einem kleinen H u n d e auf dem Arm neben ihren Damen erschienen. Das Hündlein war der Modeliebling der Pariser Frauen jener Zeit. Die Elegants machten ihnen den Hof, indem sie das Hündlein trugen. Es war doch etwas mehr als Tierschutz, wenn man diese fetten Möpse mit fetten Hühnern regalierte. Die guten Leute müssen also damals von Armen und Kranken weniges gewusst haben. Es war keine geringe wirtschaftliche Frage, die einige Jahre zuvor die Pariser beschäftigte. Die Perückenmeister- und Bartschererinnung verklagten die Friseurinnen und behaupteten, es käme ihnen allein zu, die Köpfe der Damen zu coiffieren. Es entstand damals ein großer Prozess; 1200 Frauen sahen sich in ihrem Verdienst bedroht. Sie erklärten, keinen Bart zu scheren, keine Perücke zu machen, keinen Herrenkopf zu frisieren; nur mit Damen hätten sie es zu tun. Der Advokat Vermeil reichte für sie ein humoristisch-juristisches Memoire ein und gewann den Prozess. Ihre Kunst sei durch keine Innung zu beschränken; es sei eine freie Kunst *(art liberal et libre)*.[3]

„Man muss sein Jahrhundert in dem Zustand nehmen, in dem es sich befindet, weil seine Umschaffung ebenfalls gegen die gute Ordnung sein würde" – so sagte der Advokat. Die Pariser schienen dazu keine Lust zu haben, die Welt umzuändern. Es war im Jahr 1773, als der Astronom de la

---

[3] Vgl. Salz und Scherz vor Gericht. Aus dem Franz. von C. F. Cramer (1783) p. 233 etc.

Lande die „philosophischen" Pariser erschreckte, dass ein Komet mit der Erde in einen Konflikt kommen und sie zertrümmern könne. Ein Zeitgenosse beschreibt, wie sie sich in die Kirchen stürzten voll Angst und Entsetzen. Man sah die Beichtväter der Parochien von einem Haufen von Personen umgeben, welche sich mit einer Absolution rüsten wollten ... Der große Beichtvater von Notre-Dame, welcher allein das Recht hatte, die reservierten Fälle zu hören, wurde mehr umdrängt als die andern. Um seine Kapelle irrten Gestalten, wie man sie nie gesehen hatte, bleiche und melancholische Physiognomien, Menschen, welche aus der Tiefe der Wälder zu stammen schienen. Ihre Buße war wie auf den Stirnen ausgeprägt. Als aber der Tag, der für den Weltuntergang bestimmt war, vorüberging – auch ohne dass eine neue Frisur gelitten hatte – ging alles seinen alten Weg. An einen andern Weltuntergang als an einen solchen dachte das Volk, wie es schien, noch nicht. Der Aberglaube war ohnedies mächtiger als alle vernünftige Beobachtung. Bei einer Prozession im Faubourg St. Antoine hat jemand gesehen, wie eine Madonna von Gips, die undenkliche Zeit unbeachtet in einer Nische stand, ihren Kopf zu dem Priester gewendet hatte, der das „Allerheiligste" trug. Man erzählte sich den Fall von Mund zu Mund; Voltaire stand auf der Höhe seiner Wirksamkeit – aber Tausende und Abertausende umgaben andächtig die Madonna aus Gips. Eine Greisin hatte ein Licht zu ihren Füßen angezündet. Ein Lichthändler in der Nähe rettete sich dadurch vom Bankrott. Sein Laden wurde von Lichtern leer, die das Publikum verlangte. Mit Mühe konnte die Polizei den Auflauf stillen. Man musste die Madonna anderswohin versetzen. So schnell bewegte ein ungewöhnlich Ereignis die Massen.

Wie man gerade vor hundert Jahren in den Tagen Ludwig XV. und XVI. dazu gekommen ist, das Wort R o u é zu bilden, ist sehr merkwürdig. Kriminalsachen in der guten

Gesellschaft damals zu behandeln, war Mode. Hinrichtungen schienen das reizendste Thema für die Konversation. Als Mad. du Châtelet das trübe Angesicht von Voltaire sah, sagte sie zu einer Freundin, die sich über die Stimmung des Dichters wunderte: „Ich weiß es, weshalb er missgestimmt ist. Seit drei Tagen spricht man bloß von der Hinrichtung eines Diebes; das langweilt ihn; man redet dadurch nicht mehr von seiner Tragödie. *Il est jaloux du Roué.* Er ist eifersüchtig auf den Geräderten!" Ein Akademiker wollte durchaus die Tortur, die beim Abtun der Verbrecher gewöhnlich war, ganz in der Nähe der Guillotine studieren. Man wollte ihn hindern, aber der Scharfrichter rief aus: „Man lasse den Herrn passieren, *c'est un amateur.*"

Man beklagte sich zu jener Zeit, dass die Kunst zu Köpfen verloren gegangen sei. Ein pensionierter Offizier meinte, während er mit Freunden in den Tuilerien spazieren ging, „in den Zeiten des Cardinals Richelieu verstand man dies besser, das Beil blitzte, schlug und verschwand wie ein Blitz." Wie mochten sie das gemacht haben?, fragte ihn ein junger Müßiggänger. Der Alte antwortete: „Es war eine Hinrichtung unter Ludwig XIII. Der Verurteilte war mit dem Henker übereingekommen, ihm ein Zeichen zu geben. Er gab es ihm und da er glaubte, der Henker hätte es nicht bemerkt, gab er es noch einmal. ‚Schon gut, mein Herr', sprach er, ‚neigen Sie das Haupt' – und es fiel."

Mit solchen Gesprächen amüsierte man sich wenige Jahre vor 1789. Man beklagte das Jahrhundert, in welchem man verloren hatte die Kunst, die Köpfe gut abzuschneiden (*on deplora le siécle, oú l'on a perdu l'habitude de bien couper les têtes*). Damals wurde es also Brauch, „dass man einen Mann von Welt, der weder Tugenden noch Grundsätze hat, aber seinen Lastern verführerischen Glanz gab und sie mit Grazie und Geist angenehmer macht", einen *Reué* nannte und das Wortspiel gebrauchte „*Tous les roués ne sont pas sur la roue"*. Bei alledem ist doch der Übergang des einen Begriffes in den andern sehr charakteristisch. Ähnliche Beispiele haben wir auch. Es beweist uns, welch ein Moment in der Gesellschaftsunterhaltung das *Rouer* damals ausmachte. Ich fürchte nur, dass ein böses, doppelsinniges Wortspiel dabei mit infrage kommt. In der Bretagne spricht man den Namen *Roi* wie *Roué* aus.

Aber selbst wenn diese Malice wahr wäre, so ist sie gewiss am Hofe erfunden, wo die **Heimat der Malicen gegen die Monarchie selbst war**. Das Volk der Pariser hielt man für ohnmächtig, kleingesinnt, ungefährlich. Man schilderte es (1782) „stumm, bleich, klein, unansehnlich". Man sagte von ihnen, „sie seien frei ohne Freiheit, Verschwender ohne Vermögen, hochmütig ohne Mut". Man hielt die Populace von Paris für die „feigste der Erde"; „sie verschwände vor einer Flinte, sie vergösse Tränen vor den Polizisten, sänke aufs Knie vor deren Haupt. **Das sei der König für die Canaille.**" „Dass eine Emeute eine Revolution werden könne, sei moralisch unmöglich." *(Moralement, mais immoralement?)* Man bewies dies durch die Macht und Zahl des Militärs in der Stadt, der Gendarmerie auf dem Lande. Man meinte, dass wenn der Pariser wirklich mucken werde, man ihn bloß in seinem ungeheuren Käfig einzusperren brauche und nichts zu essen gebe; dann werde er schon artig werden. An Schlözer kam vom 4. Juli 1776 ein Brief, der Folgendes enthält: „In einem andern Land würde eine so heftige Gährung, wie jetzt hier ist, einen verdrießlichen Ausbruch genommen haben, aber man weiß es schon, der Franzos schreit, injuriirt, macht gereimte Pasquille, besingt seinen Gram und geht doch zuletzt unter das Joch."[4] Die allgemeine Meinung hielt die Franzosen für ein treu monarchi-

---

4   Briefwechsel histor. u. polit. Inhalts I. (Heft VI.) p. 360.

sches Volk. Ein berühmter deutscher Staatslehrer, Achenwall, charakterisierte in seiner Staatsverfassung, die in sechster Ausgabe 1781 erschienen ist, den Franzosen also: „Sein fertiger Verstand und munteres Wesen, seine Geselligkeit, Mäßigkeit, Treue gegen den König und Geselligkeit gegen Fremde machen ihn lebendig und angenehm. Hiergegen zeiget sich bei dem großen Haufen viel Leichtsinniges und Flatterhaftes, große Zank- und Spielsucht und eine übertriebene Einbildung von den Vorzügen seiner Nation."[5] Es wurde allgemein zugegeben, dass der König und Ludwig XVI. zumal von seinem Volke geliebt wurde. In einem sehr aufrichtigen Schreiben, welches der Marquis de Crest an den König den 20. August 1787 richtete, sagt er: „Ein König, so gut, geschaffen um geliebt zu werden, angebetet von allen seinen Unterthanen". Als der König durch ein Edikt das Los der Gefangenen menschlicher gestaltet hatte, rief ein liberaler Autor aus: „O! Wie schön ist es, einen Menschen in einen König gefasst zu sehen" *(un homme enchassé dans un roi)*. Es hatte der König einmal das Missgeschick, als er einen Zweig von einem Baume schneiden wollte, sich mit dem Messer im Schenkel zu verwunden. Ganz Paris geriet in Aufregung, als es dies vernimmt. „Wie thöricht", ruft ein Mann, der es wissen konnte, J. J. Mounier,[6] aus, „ist es, vorauszusetzen, daß die Revolution Frankreichs das Resultat einer Verschwörung gewesen sei! Ich berufe mich dabei auf die gute Ueberzeugung aller unparteiischen Franzosen. Es dachte im Jahre 1787 Niemand an Mittel, die Regierung zu ändern. Man kritisirte und machte lächerlich die Feh-

---

5 Staatsverf. der heut. vornehmsten europäischen Reiche und Völker. Göttingen 1781 (6. Aufl.) p. 195.

6 De l'influence attribuée aux Philos. sur la revolution de France, par J. J. Mounier (Tübingen 1801), p. 32.

ler der Verwaltung – aber man beschäftigte sich, um ihnen zuvorzukommen."

Umso merkwürdiger ist, dass Ahnungen einer großen Katastrophe in Europa und besonders in Frankreich lange in der Luft hingen. Weise Männer redeten davon – dunkele Ahnungen äußerten sich, ominöse Worte und Ereignisse wurden für spätere Zeit sonderbare Zeichen. Leibniz schrieb in einer düsteren Stimmung: „Ich finde, daß solche leichtfertige, irreligiöse Meinungen, in dem sie je mehr und mehr unter Leuten von der großen Welt, nach welchen sich die Uebrigen zu richten pflegen, Liebhaber finden und sich in die Modebücher einschleichen, alles zu der G e n e r a l - r e v o l u t i o n, von welcher Europa bedrohet wird, vorbereiten." „Nimmt die epidemische Krankheit", fährt er weiter fort, „überhand, so wird die Vorsicht die Menschen g e r a d e   d u r c h   d i e   R e v o l u t i o n, die daraus entstehen muß, heilen, und was auch kommen mag, am Ende zum Wohl des Ganzen leiten, o b   d i e s   g l e i c h   o h n e   Z ü c h t i g u n g   d e r e r ,   d i e   d u r c h   i h r e   b ö s e n   H a n d l u n g e n   w i d e r   i h r e n   W i l l e n   z u r   B e f ö r d e r u n g   d e s   G u t e n   b e i t r u g e n ,   w e d e r   e r r e i c h t   w e r d e n   w i r d ,   n o c h   e r r e i c h t   w e r d e n   k a n n ."[7]

Jean Jacques Rousseau schrieb desgleichen in seinem Emile: „Wir nähern uns dem Zustand der Krisis und dem J a h r h u n d e r t   d e r   R e v o l u t i o n e n", wozu er die Anmerkung macht: „Ich habe ganz besondere Gründe für meine Meinung, aber es ist jetzt nicht die Zeit, sie zu sagen und jeder sieht sie nur zu sehr."[8]

---

7   Vgl. Herder, Briefe zur Beförderung der Humanität. Sämmtl. Werke. Cotta, 1853. tom. 10. p. 172. cf. 263.

8   Emile, libre III. Oeuvres 8. p. 65.

Gewiss ruhte Rousseaus Meinung nicht auf denselben Voraussetzungen wie die von Leibniz. Rousseau sah politisch und Leibniz menschlich. Rousseau weissagte als Sozialist, Leibniz als Christ. Dieser radikal, Leibniz als Historiker. Rousseau sieht den Sturz der Monarchen; Leibniz klagt über den Fall der Menschen.

Im siebzehnten Jahrhundert wurde eine Geschichte bekannt, die im achtzehnten auch in Deutschland verbreitet wurde – von einem Gesicht, welches ein Florentiner Magier der Königin von Frankreich, Katharina von Medicis, zeigte.[9] Dieser sollte ihr die zukünftigen Regenten von Frankreich vorstellen; daran würde sie erkennen, ob einer den natürlichen Tod sterben werde, sobald er vom Thron heruntergehen und verschwinden würde, – fiele er gewaltsam hinab – dann würde er durch Gewalt getötet werden. Ebenso könnte sie an der Länge der Zeit, in der e i n e r auf dem Throne sitzen blieb, erkennen, ob der König längere oder kürzere Zeit regieren würde. So hatte sie Franz II., Carl IX. verschwinden, Heinrich III., den IV. herunterfallen sehen. Den Letzten hatte sie erkannt und entrüstet gerufen: „*Helas! Voicy le petit Bearnois.*" Dann hatte sie zwei Könige lang sitzen gesehen, was auf Ludwig XIII. und XIV. gedeutet werden muss. Dann aber sah sie keinen König mehr. Ungeheuer kamen hervor, die sich in ihrer Gegenwart aufs Heftigste zerzausten und herumbissen. Löwen, Bären, Tiger, Drachen, Schlangen, Ottern wären liebliche Erscheinungen gegen sie gewesen. Die Königin fiel in Ohnmacht und die Zauberei war aus. Wäre das Buch, aus dem ich dies entlehne, nicht viele Jahrzehnte vor der Revolution erschienen, man würde für die Ungeheuer die schöne Deutung gefunden haben, die Schiller in der Glocke angibt:

---

9   Europäischer Staatswahrsager. Bremen 1758. p 94.

Gefährlich ist's, den Leu zu wecken,
Verderblich ist des Tigers Zahn,
Allein das schrecklichste der Schrecken,
Das ist der Mensch in seinem Wahn.

Wie groß auch der Humbug gewesen ist, der an den Gesichten oder an der Originalerzählung haftet – so hängt doch an ihr – auch wenn es eine völlige Dichtung wäre – die Vorstellung von einer Katastrophe eines Bürgerkriegs, zu dem freilich der Hugenottenkrieg die Farben gemischt haben wird. –

Die Weissagung, welche La Harpe von dem Dichter Cazotte erzählt, wurde in älterer Zeit mehr besprochen als jetzt.[10] Dass sie von La Harpe erfunden sei, wird niemand behaupten; es fehlt dazu alles Motiv. Der Erfinder hätte auch noch viel mehr erfinden können. Von Cazotte wird auch sonst ein ideales und ernstaftes Wesen berichtet: Als er vor den blutigen Richtern des Revolutionstribunals stand, imponierte der Greis durch seine edle, furchtlose Erscheinung. Noch vorher, als ihn in den Septembertagen im Kerker, wohin er geschleppt war, die Mörder töten wollten, rettete ihn seine siebzehnjährige Tochter Elisabeth, indem sie sich zwischen ihn und die Angreifer warf: „Ihr sollt das Herz meines Vaters nicht treffen, bevor ihr das meine durchbohrt habt." Der Eindruck dieser kindlichen Liebe auf das Volk war doch noch so groß, dass sie ihn freiließen. Als ihn nun wegen dieser Befreiung seine Freunde beglückwünschten, sprach er: „Nicht auf lange Zeit bin ich frei, einen Augenblick vor eurer Ankunft

---

10 Die Literatur bei F. Bülau. Geheime Geschichten I. p. 420. Perty, Die mystischen Erscheinungen in der Natur (Leipz. 1861) p. 646 und Perty, Blicke in das verborgene Leben (1869) p. 206. Vgl. die tyroler ekstatischen Jungfrauen (v. Volk) I. 382 ff.

hatte ich eine Vision; ich sah einen Gendarmen, der mich auf Pethions Befehl suchte; ich erschien vor dem Maire von Paris, der mich in die Conciergerie fahren ließ, von da vor das Revolutionsgericht. Meine Stunde ist gekommen." Und am 25. September bestieg er das Blutgerüst. Er nahm Abschied von seiner Familie und sprach: „Meine Frau, meine Kinder, beweinet mich nicht, tröstet mich nicht – aber denket daran, niemals gegen Gott zu fehlen." Er schnitt eine Locke seines schneeweißen Haares ab und sprach: „Ich sterbe, wie ich gelebt habe, Gott und meinem Könige treu."

Von diesem Manne erzählt nun La Harpe Folgendes. Bei der Herzogin von Grammont war eine glänzende Gesellschaft im Jahre 1788. Cazotte war da mit anderen ausgezeichneten Leuten, mit Lamoignon, Malesherbes, Chamfort, Sylvan Bailly und anderen. Man redete von dem Siege der Philosophie über den religiösen Aberglauben und über die moderne Humanität und Intelligenz. Cazotte saß düster und still und blickte in sein Glas, während doch die Toaste über den Fortschritt der Gesellschaft tönten. Endlich erhob er sich und sprach: „Meine Herren! Freuen Sie sich, Sie werden alle Zeugen jener großen und erhabenen Revolution sein, die Sie so sehr wünschen. Sie wissen, dass ich mich ein wenig auf das Prophezeien verstehe. Sie, Herr Condorcet, werden ausgestreckt auf dem Boden eines unterirdischen Gefängnisses den Geist aufgeben. Sie, Herr N., werden an Gift sterben. Sie (zu einem andern) auf der Blutbühne durch den Henker umkommen." Man rief ihm entgegen: „Wer Teufel hat Ihnen das Gefängnis, das Gift und den Henker eingegeben? Was hat dies alles mit der Philosophie und der Herrschaft der Vernunft zu tun, welcher wir entgegensehn und zu der Sie uns Glück wünschten?" „Das ist es eben, was ich sage", entgegnete er, „im Namen der Philosophie, der Vernunft, der Menschheit und der

Freiheit wird das alles geschehen, was ich Ihnen angekündigt; es wird gerade dann geschehen, wenn die Vernunft allein herrschen und ihre Tempel haben wird." "Wahrlich", sagte C h a m f o r t , "Sie werden keiner von den Priestern dieses Tempels sein." "Ich wohl nicht", sprach Cazotte, "aber Sie, der Sie einer sein werden und zu sein verdienen; Sie werden sich mit dem Rasiermesser 22 Einschnitte in die Adern machen und erst einige Monate nach dieser Operation sterben. Sie, Herr V i c q u e d 'A z y werden sich zwar vom Chirurgen die Adern nicht selbst öffnen, aber Sie werden sich dieselben von einem andern in einem Tage sechsmal öffnen lassen und in der Nacht darauf sterben. Sie, Herr N i c o l a i , werden auf dem Blutgerüst sterben, Sie auch, Herr B a i l l y , auch Sie, Herr M a l e s h e r b e s ." "Gott sei gedankt", rief Herr Richer, "es scheint, Herr Cazotte hat es nur mit der Akademie zu tun." Aber dieser rief ihm sogleich zu: "Auch Sie, Herr R i c h e r , werden auf dem Blutgerüst sterben und die, welche solches gegen Sie und Ihresgleichen verhängen, werden insgesamt nicht minder Philosophen sein." "Und wann soll das alles geschehen?", fragten einige. "Von heute an binnen sechs Jahren", war die Antwort. La Harpe ergriff nun das Wort und fragte: "Und von mir sagen Sie nichts, Herr Cazotte?" "Mit Ihnen wird ein großes Wunder geschehen. Sie werden sich bekehren und ein guter Christ werden!" Das löste die Unbehaglichkeit der Gesellschaft und man brach in fröhliches Lachen aus. Nun fasste auch die Herzogin von Grammont Mut und sagte: "Da sind wir Frauen doch besser daran wie die Männer, denn wir werden bei Revolutionen nicht berücksichtigt." "Ihr Geschlecht, meine Damen, wird Sie diesmal nicht schützen, und wenn Sie sich noch so sehr vor jeder Einmischung hüten, wird man Sie doch gerade wie die Männer behandeln. Auch Sie, Frau Herzogin, wie noch viele Damen vor und nach Ihnen werden das Blutgerüst besteigen müssen, und zwar wird man Sie auf dem Henkerkarren mit auf den Rücken gebundenen Händen dahin abführen." Lächelnd sagte die Herzogin, die das alles für Scherz halten mochte: „Ich denke doch, ich werde in solchem Falle eine schwarz ausgeschlagene Kutsche haben." „Nein, nein", versetzte Cazotte, „der Henkerkarren wird Ihr letztes Fuhrwerk; noch vornehmere Damen als Sie werden auf solche Weise zur Hinrichtung abgeführt werden." „Doch nicht Prinzessinnen von Geblüte?", fragte die Herzogin. „Noch vornehmere", antwortete Cazotte. „Aber man wird uns doch wohl einen Beichtvater nicht versagen", fuhr sie fort. „Doch", sagte er, „nur der Vornehmste aller Hingerichteten wird einen solchen erhalten." „Aber was soll denn mit Ihnen selbst werden, Herr Cazotte?", fragten die Zuhörer, denen die Sache wunderlich zu werden anfing. „Es wird mir gehen", antwortete er, „wie es dem Manne erging, der in der letzten Belagerung das Wehe über Jerusalem und endlich auch über sich ausrief, indem ein feindlicher Steinwurf ihn tötete." Mit diesen Worten verbeugte er sich und ging hinaus.

Dass La Harpe manches zugesetzt haben mag, braucht nicht behauptet zu werden. Es war eine Pariser Gesellschaft, die solche Geschichten ertrug – und in welcher ein Roué der feine Weltmann genannt worden ist. Man hielt Cazotte für einen Schwärmer und liebte extravagante Objekte der Unterhaltung. Man war weit davon entfernt, die Möglichkeit solcher Zukunft ernstaft zu nehmen. Es hatten daher die Mitglieder der Gesellschaft daran vergessen, auch als die Wirklichkeit kam. La Harpe gedachte daran, als er bekehrt war, was viel seltener eintrat als guillotiniert zu werden. Übrigens war es kein größeres Wunder, dass ein mystisch angelegter Mann wie Cazotte eine Vision hatte, als dass die Dinge, welche er weissagte, eintrafen; denn ungeheuer über alle Maßen sind sie gewesen. –

Was man aber auch darüber denken möge – eine andere Prädiktion ist unbezweifelt; sie erschien im Jahre 1776 gegen das Ministerium Turgot, als *Prediction Turgotine*. Ich werde einige Strophen im Original mitteilen:

On verra tous les états
Entre eux se confondre,
Les pauvres sur ses rabats
Ne plus se morfondre;
Des biens on fera des lots
Qui rendront les gens egaux;
Le bel oeuf a pondre.

De même pas marcheront
Noblesse et roture;
Les François retourneront
Au droit de nature.
Adieu Parlements et Loix
Adieu Ducs, Princes et Rois
La bonne aventure!

Alors, amour, sureté
Entre soeurs et frères
Sacrements et parenté
Seront des chimères;
Chaque père imitera
Noë, quand il s'enivra,
Liberté plenière.

Plus de moines langoureux
De plaintives Nonnes;
Au lieu d'adresser aux cieux
Matines et nones.
On les verra tout joyeux

Danser, abjurer leur voeux
Galantes chacones.

D'après les novations
De cette séquelle
La France des nations
Sera le modêle;
Et cet honneur nous devrons
Aux Turgot et compagnons,
Besogne immortelle.

Merkwürdiger und für das Leben der Pariser im höchsten Maße bezeichnend ist ein Prozess, der im Jahre 1757 statthatte. Es hatte damals ein Fanatiker Damiens auf König Ludwig XV. einen Mordanfall gemacht. Um deswillen kam auch jener andere Prozess zu einer größeren Bedeutung, aber nicht das Kriminalistische macht die Sache erwähnenswert, sondern das Dämonisch-Vorbildliche ist es, wodurch der Prozess interessant wird. Es war am 20. Dez. 1756 eine Gesellschaft bei dem k. Rat Lenoir. Ein Advokat Drou, ein kränklicher Mann, klagt über seinen Magen. „Aber, mir hilft", sagt er, „nur Diät, vor A d e r l a s s e n und Arzneien grauet mir." „Hilft nichts", ruft ein anderer junger Advokat Legouvé, „das ist schlimm, Sie werden nur frei werden durch einen Aderlass." *„Bon, voila un grand malheur, vous en serez quitte pour une s a i g n é e ."* Draußen war der Lakai des Gastgebers. Er hört die Worte und missversteht sie. Als den andern Tag wieder Gesellschaft bei einem andern Herrn ist, wo Herr Lenoir auch eingeladen ist und ihn sein Lakai abholt, unterhält sich dieser im Wartezimmer mit dem Diener des Hauses. „Was gibts Neues?", fragt dieser. „Ach", sagt jener, „schreckliche Neuigkeiten. Ich hörte jemand bei meinem Herrn sagen: Dem K ö n i g r e i c h stände ein großes Malheur bevor, es sei eine *saignée,* eine Revolution, im Lande zu befürchten." Der Hausdiener unterhielt sich darüber mit dem Kutscher und statt des ihm Berichteten, man befürchte eine *saignée*, wurde von ihm erzählt, e s   m ü s s e eine solche *saignée* in Frankreich eintreten; das hört die Köchin und ist neugierig. Die Küche wird darauf zur Stätte weiterer politischer Gespräche, denen auch der andere Diener beiwohnt. Dieser kommt bald darauf zu einem Strumpfwirker. Als die Frau desselben ihn nach Neuigkeiten fragt, sagt der Mensch: „Ei, nichts Gutes; man sagt, es müsse eine *saignée* in Frankreich geben." Die Frau versteht das nicht und sagt: „Wie denn?" Nun spricht jener: „M a n   s a g t ,   d a s   H a u s   B o u r b o n   m ü s s e   a u s g e r o t t e t   w e r d e n ." Das war am 31. Dezember.

Und nun findet am 5. Januar 1757 jenes Attentat des Damiens statt. Ein Geistlicher aus der Provinz ist an dem Tage im Hause des Strumpfwirkers. Indem man vom Attentate spricht, fällt der Frau das Gerede des Lakaien ein. Damiens war auch ein Lakai und behauptete, keine Komplizen zu haben. Der Geistliche bringt die Nachricht mit dem Attentat in Verbindung und denunziert beim Gericht. Darauf entsteht der Prozess. Die Schuldigen werden alle genau verhört. Die Strumpfwirkersfrau sagt aus, der Lakai habe gesagt: *„Je ne parle point de guerre civile; mais on ne peut retablir le calme et la paix que par la destruction entière de la maison de Bourbon."* Man verfolgt nun die Aussagen und kommt auf das Missverständnis des ersten Lakaien zurück, wodurch sich die Sache aufklärt. Merkwürdig genug hieß dieser Roi selbst. Er wurde bedroht, nicht in sein Geschwätz zurückzufallen bei Strafe körperlicher Züchtigung – aber das Missverständnis und das darauffolgende Geschwätz haben eine sonderbare Weissagung enthalten. Es spukte in den Köpfen des Volkes wunderlich vor. Es ist eingetreten, was sie geredet haben, eine *saignée*, wie sie nie in Frankreich gewesen ist.

Man sieht aus dieser Geschichte, wie richtig das Wort von Ferrieres in seinen Memoiren ist, wenn er sagt: „Es haben Bischöfe und der Adel sich nicht überreden können, dass die Revolution s e i t   l a n g e r   Z e i t vorhanden war in der Meinung und in dem Herzen aller Franzosen." – Nach Berichten, welche Feinde der Loge ausbreiteten, hätte ein Artillerieoffizier Sinetti, indem er eine Loge in Lille besuchte, im Jahre 1776 vorausgesagt, dass in nächster Zeit eine große Revolution eintreten werde, welche die Welt vom Aberglauben und der Macht der Könige befreien werde. – Viel interessanter ist der Vers, welchen ein liberaler Autor mitteilt, indem er sagt: „Es giebt einen berühmten Vers:

,*Le crime fait la honte et non pas l'echafaud*'

und dieser hat lassen folgende entstehen, welchen ich ein gutes Glück wünsche *(je souhaite une bonne fortune)*:

,*Lechafaud n'est honteux que pour le criminel,
Quand l'innocent y monte, il devient un autel.*'

Das Schaffot wird zur Schmach für den, der schuldig war, –
W e n n   U n s c h u l d   e s   b e s t e i g t ,   d a n n   w i r d   e s   z u m   A l t a r .
Es ist dazu geworden. –

Man stellte vor hundert Jahren gern Vergleiche zwischen Paris und London an, die gewöhnlich zum Nachteil des Ersten ausfielen, denn die Engländer waren frei. Man hatte die Ahnung, dass ein Sklave, „wenn er die Kette bricht", fürchterlicher sei als ein freier Mann. „Wenn man", schrieb ein Autor unter Ludwig XVI. lange vor der Revolution,

„das Volk von Paris seiner ersten Erregung überließe, wenn es nicht hinter sich Infanterie und Cavallerie spürte oder den Commissarius der Polizei, es würde kein Maß in seiner Unordnung kennen. Das Volk von seinem Zügel los, an den es gewöhnt ist, werde sich so grausamen Gewaltthaten überlassen, daß es selbst nicht wissen würde, wo die Grenze ist" *(s'abandonnerait à des violences d'autant plus cruelles, qu'elle ne saurait elle même où s'arreter).*

„Es ist vielleicht darum", fährt er fort, „weil die Emeuten selten in Paris sind, daß eine ernsthafte Emeute, wenn sie überhaupt statthaben könnte *(si tutefois elle pouvoit avoir lieu)* zu aufregender Folge gelangen möchte."

Was war denn aber nun schuld, dass das, was man gar nicht für möglich hielt, doch eintrat und was hinter dem dicken Schleier der Gewohnheitstäuschung furchtbar verborgen lag?

Das Königtum war nicht schuld; es war an sich niemals schuld, auch nicht einmal als absolutes. Und das französische Königtum hatte einen besondern Glanz. Es war das Königtum der Legende. Es wollte mit seinen Pflichten und Rechten wie vom Himmel niedergesunken sein. Man nahm ideal eine Art Priesterkönigtum in Anspruch. Es war ein wunderbar Symbol, dass die Könige behaupteten, Erbübel heilen zu können, indem sie die Kranken berührten. Um des Absolutismus willen, auch wenn er die Rechte, die er von oben empfangen hatte, stärker betonte als die Pflichten, wäre nie eine Revolution entstanden. Man hasste die Maitressen, man hielt die Maintenon für eine Hexe, die das Volk zerrissen haben würde, wenn es sie in die Hand bekommen hätte, aber um eines Harems willen entsteht keine Revolution.

Nicht die absolute Monarchie hat sie hervorgebracht, sondern dass der König nur zum Schein absolut war. Dass er nicht absolut war, trägt die größte Schuld. Der Absolutismus zeitigt Kinder, die mächtiger werden denn er. Die Zeit verschlingt ihre Geburten, aber hier werden die Kinder die Gefahren des Erzeugers. Es entsteht durch ihn und mit ihm eine absolute Gesellschaft, welche zuletzt der Feind des Friedens wird. Ein Teil Volkes hatte den Fuß auf dem Nacken des andern. Er rühmte sich dessen, er hielt es für sein Recht, man philosophierte einen Vorteil daraus. Es hatte sich ein ungesunder tyrannischer Gegensatz der „Reichen" gegen die „Armen" gebildet. Man hätte ihn auch können darstellen als Kontrast der „Fahrenden" mit den Fußgängern. In Paris gab es keine Trottoirs. Die Cabriolets fuhren durch das Volk hindurch. Hunderte wurden überfahren. Wenn die Inhaber verklagt wurden, zahlten sie eine kleine Summe. Ludwig XV. sagte: „Wenn ich Polizeilieutenant wäre, verböte ich die Cabriolets."

Aber er verbot sie nicht. Der kleine Druck – das persönliche Unrecht – die Erfahrung der Gewalt – die Tyrannei der Gesellschaft – macht tiefere Einschnitte ins Volksbewusstsein als Irrtümer der Minister in den Prinzipien der Volkswirtschaft. Es war nicht die Ungleichheit zwischen Reichtum und Armut, sondern der Abgrund zwischen trotziger Schwelgerei und wirklichem Hunger, der immer tiefer ward.

Die Enkelin der Winterkönigin, die Herzogin von Orleans, Elisabeth Charlotte, schrieb an ihre Tante den 22. August 1769 von einem gefährlichen Auflauf des hungernden Volkes, der leicht beschwichtigt war, als man ihm Geld gab: „Sie warfen gleich ihre Hüte in die Luft und riefen: ‚*Vive le roi et du pain.*'" Es seien doch gute Leute, die Pariser, sich sogleich zu besänftigen. Die französische Revolution ist keine Finanzempörung, alle Gefahren und Schrecken kamen aus der sozialen Empörung gegen die übermütige und sich sicher fühlende Gesellschaft der Vornehmen und

Reichen und zwar nicht weil sie reich waren, sondern weil sie ü b e r m ü t i g waren. Es trafen in dieser Gesellschaft die wunderbarsten Gegensätze aufeinander. Man rühmte sich, Abkömmling der Römer zu sein, man spielte Theater mit Cato und Brutus, man las die Bücher von Rousseau und Voltaire, interessierte sich für die Republikaner Amerikas – und dabei war man eitler und junkerhafter wie je; man verachtete Bürgerliche und Arme; „niemals redete man mehr von Ahnen, niemals kaufte man mehr Beweise alten Adels. Es war nicht der König, der die Ehren erteilte – sondern man machte sich auch aus eigenem Verlangen zu Grafen, Marquis und Baronen." „Als wenn der König nur dieser einen Klasse angehörte, stellte man ihm nur Leute dar, welche Adelsproben seit dem Jahre 1400 geben konnten." Dieser seltsame Drang der Eitelkeit ging durch den ganzen besitzenden Stand. Die Parlamente verlangten Mitglieder, die wenigstens vier Adelsgenerationen hatten. Liberale Leute hingen dem an. Guibert hörte nicht auf, im Kriegsministerium vorzustellen, dass nur Adlige Offiziere sein durften. Dass Voltaire einer der ärgsten Königsschmeichler und Feind der „Canaille" war, ist bekannt. Er schreibt an Katharina von Russland: „Ich bin ein Kathariner und will als Kathariner sterben." Man sollte das *Tedeum* umwandeln in *„Te Catharinam laudamus, te Dominam confitemur"*. „Alle Bullen der Welt", sagt er, „wiegen die Brust und die Lunge des einzigen Sohnes des Königs von Frankreich nicht auf." Das gilt von Holbach und Diderot ebenso gut, wie Börne[11] treffend bemerkt. Es war so bequem, all

---

11 In einem Brief vom 24. November 1832 (Briefe 5. p. 22. 23). Victor Hugo schrieb in den *Miserables* (Deutsch I. 23): „Einst sammelte der Bischof in einem Salon der Stadt für die Armen; in der Gesellschaft befand sich der Marquis von Champtercier, der es möglich machte, zugleich Ultra-Royalist und Ultra-Voltairianer zu sein." Aus demselben Geist – damals Plon-

den Überfluss und Komfort der herrschenden Gesellschaft mit der Mode allgemeiner Humanitätsphrasen zu verbinden. Ein berühmter Arzt, der nur für reiche Leute Rezepte schrieb, wurde zu einem seiner Kunden berufen. Während er bei ihm ist, bittet ihn der Reconvalescent, auch einmal nach dem Befinden seines Lakaien zu sehen, der unwohl war. Der Arzt tut es, lässt sich aber dann nicht mehr bei dem Herrn sehen, auch, als er eingeladen war zu kommen. Darüber befragt, sagte er: „Sie haben mir nicht geschrieben, ob Sie ein Mittel für sich oder Ihren Lakaien haben wollen; denn ich habe keine Medizin für Lakaien" *(je ne fais point la medecine pour les laquais)*.

Die Lakaien waren aber in Paris ein sehr bedeutender Volksbestandteil. Man trieb sehr viel Luxus mit Dienerschaft. Müßige Lakaien lungerten in den Korridoren der Wohlhabenden umher. Sie lernten dort die Konversation der Zeit, die Schwelgerei der Reichen und den Neid und die Bosheit gegen sie. Die humanistischen Schriften drangen überall ein und das Volk lernte die Vorstellungen seines eigenen Drucks von den Männern der Gesellschaft, d i e   i h n   a u s ü b t e n. Denn die Drachenzähne, deren Früchte in der Revolution gegen die Gesellschaft der „*Riches*" ausgingen, wurden von ihr selbst gesät.

Jean Paul erzählt noch (nach Chamfort), dass der Herzog von Richelieu nicht imstande gewesen wäre, den Namen eines Bürgerlichen auszusprechen, ohne ihn zu verstümmeln. Man sprach in Deutschland von der Szene, in welcher Monsieur (Prinz v. Artois) einen Minister des Königs geschlagen hatte. Von der vornehmsten Gesellschaft gingen die meisten Malicen, Intrigen und Fronderien aus. Man verleumdete den König und die Königin mit

---

plonisch – war das Leben Jesu von Renan geschrieben. (Vgl. meine „Wege nach Damastus" p. 89.)

schwatzhaften Geschichten, ohne den Schaden zu ermessen, den solche Bosheiten im Volke ausrichteten. Was dem Herzog von Orleans zugeschrieben ward, ist bekannt. Vom Herzog von Aiguillon behauptete man, er sei als Fischweib verkleidet unter den Haufen gewesen, welche jene Exzesse am 5. und 6. Oktober in Versailles ausführten. Man kann die ersten Clubs, die sich gebildet hatten, die der v o r - n e h m e n   L e u t e nennen. Aber wenn sie die angeregte Bewegung zu ihrem eignen Untergang aus den Händen verloren, so kam das daher, dass es nicht die politischen Doktrinen waren, um welche sich das Feuer der Revolution erhob, sondern die Praxis der sozialen Gesellschaft. Der Sklave, der Gedrückte, der Unfreie fand die Gelegenheit, seine Kette zu brechen. Die vornehme Gesellschaft war kein Vorbild des Guten noch der Sitte gewesen. Leider war ein Mann wie Mirabeau nur ein eminentes Talent –; sittenlos war er immer, worin sein minder bedeutender Bruder Boniface nicht zurückstand. Die Anekdote ist bezeichnend, nach welcher dieser – als ihn jemand wegen seines schönen Namens Boniface neckte, da er doch nie Gutes tat, geantwortet habe: „Und mein Bruder führt noch einen scherzhafteren Namen: er nennt sich H o n o r é ." Er würde ihn redlich entehrt haben, der große Redner, wenn von ihm nichts weiter bekannt wäre als ein Buch, das er geschrieben und das ich besitze, von dem ich mich aber schäme, auch nur den Namen hinzusetzen, so unrein ist es.

Aus den Anfängen der französischen Revolution ist in Paris die Tätigkeit des Club Breton bekannt, den der Advokat Chapelier gründete. Es ging später aus ihm der Jacobinerclub hervor. Robespierre, welcher bedeutende Güter in der Bretagne besaß, war sein Mitglied von Anfang an. Dort war die soziale Bewegung gegen die Feudalherrn von heftigen Bewegungen begleitet. D e r B o t e a u s T h ü r i n - g e n , der in Schnepfenthal erschien, erzählte mit Staunen im Jahre 1789, dass „die Schuhmacherzunft in Rennes, der Hauptstadt der Provinz Bretagne, sich verschworen hat, dem Adel schlechterdings keine Schuhe mehr zu machen." Grade in der Bretagne gehen viele Sagen um alte Schlösser von grausamen Taten der alten Feudalherren. Das Schloss von La Motte-Bruslon liege zerstört, denn es sei verflucht worden, weil seine Besitzer die Armen des Landes misshandelt hätten.[12]

Im Schloss von Angevinais wäre ein böser Herr gewesen, der so schlimme Dinge zu tun pflegte, „dass man nicht einmal wage, sie allein zu sagen". Er wurde von sieben gespenstigen Hunden zerrissen und sein Schloss zerstört. Als dies geschah, fand man in den Gräben Totenköpfe, von denen man glaubte, dass die alten Herren sie da hineingeworfen. Vor der Revolution ging eine andere Sage. Der Herr von Montmurau hatte nicht gewollt, dass seine Bauern unterrichtet wären, aber die Leute taten es in Verborgenheit und einer, der etwas wusste, lehrte es den andern. So pflanzte es sich fort. Auch in Agenais gibt es ähnliche Erzählungen von der Härte der reichen Herren. Christus war auf Erden mit Petrus und Johannes und hatte in einem schönen Schloss um etwas Brot gebettelt. *„Foutes-moi le camp; Canailles",* rief jener aus; macht, dass ihr fortkommt, sonst lass ich euch mit Hunden hetzen. Da verwandelte ihn Christus seine Lebenszeit in einen Esel. Einen Tag vor seinem Ende wurde er verwandelt und kam, weil er schon auf Erden gebüßt, ins Paradies.[13]

Die soziale Spaltung war in Frankreich vorhanden, ihre Tiefe hatte niemand beobachtet und ermessen; in ihr gingen alle die konstitutionellen Versuche unter; aus ihr stiegen alle die dämonischen Mächte hervor, an welchen die

---

12   P. Sebillot. Tradd. de la Haute Bretagne I. p. 358. 59.

13   Bladé, Agenais p. 63.

Monarchie verblutete; noch heute fassen die Historiker der Revolution sie nicht tief genug auf; die Erstürmung der Bastille war allerdings das furchtbare Omen, in dem sie ihre Schrecken verkündete.

An wem hätte es gelegen, den Abgrund zu überbrücken? Denn wenn er jetzt sich furchtbar offenbarte – so war er doch lange vorhanden. Wem war besonders die Aufgabe zugeteilt, die natürlichen Lücken der Gesellschaft erträglich zu machen – die Unterschiede von Arm und Reich auszugleichen – wem wäre es gegeben gewesen, die schwere Hand des Feudalherren leichter und das Herz des Bauern und Arbeiters freier, gebildeter, getrösteter zu machen?

Die christliche Kirche war dazu berufen. Sie war der soziale Engel, der in die Verwirrung des zusammenbrechenden Römischen Reiches eintrat. Sie trat als eine neue organische Macht unter die Völker; der Prophet weissagt das, wenn er das kommende Heil ein N e u e s nennt. Sie ging nicht aus den historischen Traditionen des Staats hervor – darum war sie unabhängig von diesem – sie hatte keine nationale Einseitigkeit – darum appellierte sie an die menschlichen Pflichten der Völker. Der kleine Brief des Apostels an den Philemon ist wie eine Urkunde der modernen Humanität; nicht die Schlachten, welche germanische und romanische Völker schlugen, nicht Aetius und Attila stehen an den Grenzen der neuen Zeit, sondern der christliche Lehrer – der in den römischen Kolonien Galliens – unter Kelten und Franken die neue und freie Lehre des zweiten Adam – die rechte Freiheit, Gleichheit und Brüderlichkeit in der Liebe Gottes gepflanzt hat.

Aber von dieser wunderbaren Aufgabe schien es, als ob die römische Kirche Frankreichs im 18. Jahrhundert nur den Namen behalten hätte. Sie glich nicht aus – was ihretwegen gar nicht so ungleich hätte werden dürfen; sie versöhnte nicht – sie schien noch mehr zu erbittern; – sie füllte den Abgrund nicht aus; sie hatte ihn vielmehr noch vertieft. Sie flößte kein Vertrauen dem Volke ein; es war durch sie noch misstrauischer geworden. Was ein Bauer aus der Picardie als Deputierter vom 29. Mai 1789 öffentlich sagte: *„Je ne sais pas faire de biaux discours; mais acoutés mon opinion; le Clergié nous ruse, la noblesse nous trompe; m'est avis, que nous devons tirer notre force de nous-même et l'offrir su Roy pour qu'il nous delivre de cette vermeine"*, drückte die Stimmung des Volkes v o r der Revolution in weiten Kreisen aus.

So ungern man es zugestehen mag, es war die Kirche Frankreichs im achtzehnten Jahrhundert nicht nur nicht imstande die Revolution zu verhindern – sondern ihre damaligen Zustände und ihr damaliges Verhältnis zum Volk gaben die traurige Gelegenheit, den Abgrund bloßzulegen, der im Volk bestand. Es hat sich dies immer offenbart: übt die Kirche nicht ihren göttlichen Beruf der Liebe und Lehre aus, so wird sie zu einer dämonischen Flamme, die Frieden und Eintracht verzehrt. Die katholischen Schriftsteller haben es sich angewöhnt, in Schriften und Geschichten vom Zusammenhang der R e f o r m a t i o n u n d R e v o l u t i o n zu reden. Es ist ihnen das so geläufig geworden, dass selbst hyperkonservative Protestanten von dieser Meinung angesteckt wurden. Ich habe einmal eine Ausführung gehört, als ob das Verbrennen der Bannbulle durch Luther gleichsam der erste Steinwurf gegen die Bastille gewesen wäre. Allerdings ist ein Zusammenhang – aber nicht der vermeintliche. Weil man die Reformation bekämpfte und unterdrückte, entstand die Revolution. Die römische Kirche in ihrer modernen Gestalt – seit der Gründung der Hierarchie durch Gregor VII. – ist den Staatsregierungen gefährlich – n i c h t der Protestantismus. Der Letzte hat die Kirche wieder dienen gemacht.

Darin liegt ihr Segen und ihre Ehre. Freilich soll sie nicht politisch – sondern geistlich dienen. Nicht byzantinisch – sondern apostolisch soll ihre Arbeit sein. Dem ganzem Volke soll sie dienen, den Königen wie den Armen durch Lehre, Mahnung und Trost – aber etwa nicht dienen um Ehren, Titel und Orden. Es schadet ihr nichts, wenn der Generalsuperintendent hinter dem römischen Bischof in der Hofetikette einherzieht – wenn sie nur a l l e n angehört; das Kreuz, das sie etwa tragen mag, muss ihre höchste Ehre bleiben. Nur wenn sie dient, wird sie im Volk ihren Einfluss und dem Staate den sozialen Frieden erhalten helfen.

Die römische Kirche will die Macht – und eine Macht streitet mit der andern. Sie hat ihre Heere, die sie gegen die anderen aufruft. Die Jesuiten sind das christliche Analogon der Janitscharen. Es handelt sich hier nicht darum, den vielen ausgezeichneten Männern unter ihnen nahezutreten. Aber sie waren eine Armee der streitenden Kirche gegen jedermann, der nicht gehorchte, auch gegen den Staat. Die Macht, die die Kirche in Frankreich besaß, war ihre größte Gefahr. Sie verließ sich auf die Macht und verlor die Liebe. Sie herrschte über das Volk und verlor die Herzen. Der Sieg über die Hugenotten vertrieb nicht die Revolution, sondern hat sie begründet. Die Guillotine ward aufgerichtet an der Pforte der Bartholomäusnacht. Was Coligni geschah – wurde in den Septembermorden in Paris fortgesetzt. Man schloss mit dem Blutbad der Protestanten das Ventil jedes freieren Lebens und jedes christlichen sittlichen Wettstreits. Die Kirche und ihre Fürsten und Priester wurden zu sicher, zu reich, zu unvorsichtig. Sie war zu mächtig und glänzend am Hof und im Staat. Sie war zu sehr Staat selbst – sie stand zu sehr auf einer Seite. Sie wurde zu sehr mit der Gesellschaft des Drucks in einer Verbindung gesehen. Sie war zu sehr geneigt, mehr mit den Waffen der Gewalt und der Unterdrückung als mit den Lehren des Geistes und der Liebe zu streiten. Wie bequem wäre es ihr gewesen, das Volk zu trösten und zu beschützen – wie leicht hätte sie ihm helfen mögen durch Verteidigung gegen tyrannische Art und frivole Bildung des Geistes selbst! Ihre Klöster, Kirchen und Orden waren ausgebreitet über das ganze Land. Sie hatte Besitz und Geld die Fülle. Sie besaß Ehren und Titel wie die Herren des Landes. Sie hätte aufseiten des Volkes stehen müssen gegen die Herren der politischen Welt. Dann wäre sie auch ein Schutz gewesen für diese in den Zeiten der Not. Aber sie stellte sich auf die Seiten des Glanzes und der Macht. Sie agierte mit der Staatsherrschaft und intrigierte gegen sie. Ihre größten Männer – ihre Kardinäle waren Minister, aber keine Apostel. Von Richelieu hatte man den Vers, wie ein deutscher Reisender der Zeit beobachtete[14]:

> *Jesus venant de p a u v r e l i e u*
> *Nous apporte la paix en terre;*
> *S'il eut venu de Riche lieu*
> *Il nous eut porté la guerre.*

Was noch schlimmer war, das geistliche Heer bereitete die Samenkörner der Revolution.

„Wer vor hundert Jahren die Procession des Frohnleichnamsfestes in Paris gesehen hätte" – sagt ein gleichzeitiger Autor – „würde glauben, daß die Stadt nicht einen Ungläubigen in ihrem Schoße einschließe; alle Stände des Staates umgaben das h. Sacrament. Alle Pforten sind bekleidet, alle Knie beugen sich. Die Priester scheinen Herren der Stadt, die Soldaten stehen zu ihrem Befehl; die Talare befehlen den Uniformen; die Füsiliere mit lang-

---

14   Menoza. Ein asiatischer Prinz. Kopenhagen und Leipzig. 1759. I. 338.

samem Schritt begleiten die Fahnen ... Die Blumen, der Weihrauch, die Musik, die niedergesenkten Stirnen, alles ließe glauben, daß der Katholicismus nicht einen Gegner, nicht einen Widersprecher habe; – daß er herrsche und über alle Geister Befehl habe." ... „Und in der That, man bewunderte den Gang und die Ordnung der Procession, den Thronhimmel, die Sonne, die Wolken voll Weihrauch, die Schönheit der Gewänder; ... man zählte die Cardinäle und Bischöfe, die Blauen, die heiligen Geistritter, die Präsidenten im rothen Gewand ... alles das wirkte auf alle Geister und hat ihre Verehrung und Huldigung angezogen."

Wie seltsam, mitten in dem Getümmel der Stadt zu jeder Jahreszeit einen armen Priester zu sehen – er hat weder Tag noch Nacht Ruhe – mit dem Allerheiligsten dahinwandeln zu sehn, wo man ihn ruft an die Betten der Kranken. „Ein etwas gebrauchter, abgetragener Thronhimmel, zwei Jungen halten ihn; eine Laterne oder eine Fackel von Baumharz, ein Glockenträger, ein Pedell – das ist der Aufzug, mit welchem der Priester zu der Wohnung des Sterbenden eilt. Das Ciborium ist mit vier Tuchstücken bekleidet; das Glöcklein giebt dem Volk das Zeichen auf die Knie zu fallen; die Fiaker und Equipagen halten still – alle Welt hat das Recht, dem Zuge bis in das Haus zu folgen, wo er eintritt, bis in das Zimmer des Kranken. Man verhüllt dort die Spiegel, um das Sacrament nicht vervielfacht erscheinen zu lassen. ... Zuweilen ist der Weg lang; ein Platzregen fällt; dann steigt *le bon Dieu* in den Fiaker; der Glöckner setzt sich zum Kutscher, der Pedell desgleichen; der Kutscher aus Respekt nimmt seinen Hut unter den einen Arm und kutschert mit dem andern, und läßt den Regen immerhin auf das bloße Haupt fallen. Am Ende der Fahrt erhält er den Segen, und wagt nicht, den ganzen Tag einen Fluch beim Fahren auszusprechen." „Wenn die

Militärwache dem *bon Dieu* des Abends begegnete, so begleitete sie ihn mit aufgepflanztem Bajonnet bis an die Kirche, worin er heimgekehrt ist, und empfängt dafür den Segen."

Als Ludwig XV. einmal aus dem Justizpalast heimkehrte und in der Nähe der Pont Neuf dem Viaticum der Parochie Saint Germain l'Auxerrois begegnete, hielt er und sein ganzes Gefolge still; er stieg eilig aus seinem Wagen, kniete mitten auf der Straße im Schmutze nieder und der Priester, welcher aus dem ehemals roten Thronhimmel heraustrat, gab ihm den Segen. Das Volk, erstaunt über diesen frommen Akt, rief laut: „Es lebe der König!" Den ganzen Tag wiederholte man: „Er hat sich auf Knien in den Schmutz gelegt."

Wenn man das heilige Viaticum zu einer Person von Stande brachte – war der Aufzug ein anderer: „Da trugen alle Diener des Hauses Fackeln von Wachs, ein köstlicher Thronhimmel erscheint, der Glöckner hat einen weißen Talar; zwei Cleriker halten den Thronhimmel; der Schweizer der Parochie geht voraus, und der Pfarrer agirt bei der Spendung in eigener Person." Der liberale Schriftsteller, welcher dies als Zeitgenosse berichtet, hat Recht zu sagen, dass man bei oberflächlichem Anblick meinen konnte, Paris sei ganz katholisch gesinnt. Aber die Kirche trug nur noch ein glänzendes Kleid. Gewiss gab es noch tausende von trostbedürftigen Herzen, welche noch glaubten – und treue Priester, welche dienen wollten, aber das verlor sich alles unter dem glänzenden Kleid. Man ging zur Beichte wie zu einem zuweilen passenden Beruf; man litt und übte die Zeremonien aus Anstand. Es gab noch Hofetikette wie Kirchenetikette. Das Volksherz wurde damit nicht ergriffen; es wurde nicht tiefer, nicht friedlicher. Der Glanz der Kirche erweckte vielmehr die Volksunzufriedenheit und den natürlichen Neid, zumal während harten Drucks und vieler Armut. Die Kirche, statt den sozialen Abgrund zu überbrücken, vermehrte ihn. Man sah mit gleichem Groll auf die Bischöfe wie auf die Herren. Es waren zwei verschiedene Staaten, in denen dasselbe Volk – das heute sich vor den Herren beider bückte und Reverenzen machte – den Hass der Not in sich nährte. In beiden Regionen, Staat und Kirche, hatte man vor lauter Politik der Macht und der Finanzen – und in der Sicherheit der bewaffneten Macht – das brennende Volksherz vergessen und in lauter Selbstgenuss die Millionen verachtet, welche auch Menschen waren mit menschlichen Gefühlen und für die Christus ebenso gelitten hatte wie für die Seigneurs und die Bischöfe. Wie man erzählt, war vor der Revolution alles voll Spione in Paris, nirgends war man vor solchen sicher. Die Schilderung, die Boz von solchen gibt, um Volk und Gesellschaft auszuspähen, war richtig im Allgemeinen, aber es haben solche Maßregeln niemals eine Sicherheit gegeben. Auch nicht der Herrschaft Napoleon III. gaben sie eine Sicherheit. Eben weil das Volk es wusste, vermehrte es die Missstimmung. Man kannte die Gefahren, in denen man sich fand – und wurde durch sie umso mehr erbittert. Eine Zeitlang schien das Volk wie Fliegen, denen Spinnen überall Netze webten – aber es wurde, als die Macht fiel, wie Blutegel, die nur durch Blut sich sättigten. Auch die Kirche damals glaubte, nur durch die Polizei und Gewalt ihre Feinde abzuwehren.

Der unglückselige Kampf gegen die Jansenisten hat sehr viel zur Vorbereitung der Revolution beigetragen. Es war eigentlich nur die Fortsetzung des Hugenottenkrieges – wenn auch nicht in so schauderhafter, blutiger Gestalt. Vortrefflich ist, was Menoza schreibt: „Diese Unruhen dürften in der Länge gefährliche Dinge nach sich ziehen, denn obschon die Hauptpersonen auf diese und jene Art gedämpfet sind, so liegt doch das Feuer unter der Asche und läßt sich täglich spüren. Der vierte, wo nicht gar der dritte Theil der Einwohner des Landes sind dem Jansenismus zugethan." „Indessen triumphiren die Jesuiten als die päpstliche Leibgarde, ziehen die Großen je länger je mehr auf ihre Seite ... und schreien alle Jansenisten für fanatische Geister aus, weil sie von der Kraft der Gnade zeugen."

Vergeblich hatte Pascal[15] an einen Brief des h. Bernard an Papst Eugen erinnert, worin es heißt: „Es giebt einen andern großen Fehler, welchen ich keinen großen Mann hatte vermeiden sehn. Es ist die zu große Leichtgläubigkeit, woher so viele Unordnungen kommen. Daher stammen die heftigen Verfolgungen gegen Unschuldige, die ungerechten Vorwürfe gegen die Abwesenden und die schrecklichen Zornausbrüche für nichts *(pro nihilo)*. Ja, heiliger Vater, das ist ein allgemeines Uebel."

Man muss das rührende Schreiben eines ausgezeichneten Mannes lesen, eines Jesuiten selbst und Beichtvaters des Königs Ludwig XIII., Nicolaus Caussin, an seinen Obern, um das zu verstehen, was Pascal mit den Worten Bernhards meint: „Außer dem Gedanken und meinen Wünschen habe ich nichts Freies. Die Worte werden gezählt, auf die Mienen wird geachtet, die Briefe werden untersucht, kein Ort, wo man ohne Aufsicht von Inspektoren ist; von allen Seiten greifen mich Anklagen an, auf die ich nicht blos nicht antworten, nicht einmal räuspern darf."

Man hat berechnet, dass der Kardinal von Fleury etwa 30000 Verhaftungsbefehle unterzeichnete in Betreff der Jansenistischen Streitigkeiten. Es war ja ein Unglück, dass der Staat seine Waffen immer noch hergab, um die dogmatischen Fragen zu unterstützen. Es geschah dies, trotzdem die Kirche nicht mit dem Staat immer eines Herzens war und die Erste dem Staat Opposition machte.

---

15   Les Provinciales (Cologne 1689) lettre 18 p. 400.

Elisabeth Charlotte schreibt an ihre Tante den 16. Mai 1696: „Ich muß gestehn, daß wenn ich in den Predigten höre, wie man den großen Mann lobt, die Reformirten verfolgt zu haben, so werde ich immer ungeduldig darüber; ich kann nicht leiden, daß man lobt, was übel getan ist." Sie wiederholt dies den 13. Mai 1700, wo sie hinzufügt: „Es ist in der That zu bejammern, daß man ihn (den König) in seiner Jugend nicht recht gelehrt, was eigentlich die Religion, und wie sie mehr instituirt, die Einigkeit unter den Menschen zu unterhalten, als daß sie einander plagen und verfolgen sollen." Das schien allerdings gar nicht mehr der Zweck der Kirche – sondern die Erhaltung der Macht durch äußere Mittel. „Hier ist", sagt die Fürstin, „in allen geistlichen Sachen auch ein weltlich Absehn, also solche die Sache unserm Herrgott nicht so wohl gefallen, als zu wünschen wäre." Man stritt sich in den kirchlichen Kreisen umso mehr, je tiefer die soziale Spaltung im Lande war. Die Augen der kirchlichen Leute waren mehr auf die sogenannten Ketzereien der Frommen gerichtet als auf die Gottverlassenheit des Volkes in seinem tiefsten Herzen. Es klingt nur scherzhaft, was ein liberaler Mann vor hundert Jahren schrieb, „daß ein Devoter, der seinen Hecht am Freitag aß, einen, der es nicht that, einen Atheisten nannte. Das sind gegenseitige Vorwürfe, welche der Haß, nicht die Liebe Gottes eingiebt. Ein frommer Kirchgänger nennt Jemand, der eine Broschüre schreibt, einen Atheisten." Je weniger Leben der Liebe in der Kirche ist, desto mehr Neigung zum Streit. Wo man nicht mehr Kraft und Beweis des Geistes offenbart, je mehr holt man die Polizei. Wenn die innerlichen Bande reißen, macht man aus der Kirche eine Stätte der Partei. Als wenn dann die Augen der Führer mit Blindheit geschlagen wären, so sieht man nicht, wie in der Gewalt sich der Glaube verliert und im Streit um die Kirche die Kirche selbst untergeht.

Elisabeth Charlotte führt einen Vers aus jener Zeit an, welcher lautet:

> *„Dans ces Combats, ou nos Prelats de France*
> *Semblent chercher la verite*
> *...*
> *C'est la foy qu'on destruit et personne n'y pense.*

In der Tat, der Glaube hat allein gelitten. Die Herzogin schreibt am 2. Juli 1699: „Der Glauben ist hier nun im Lande dermaßen erloschen, daß man schier keinen jungen Menschen mehr sieht, so nicht *athée* sein will, aber was am possierlichsten ist, ist daß ebenderselbe, so den *athée* zu Paris agirt, den Devotten bei Hoff spilt."

Allerdings war unter dem großen Glanz der Kirche die Frivolität und die Selbstverspottung verborgen. Was sonst so mächtig aussah, wurde gleichwohl nicht geachtet. Der Mantelträger des Königs hielt sich – sagt ein Autor – doch für eine höhere Person, wie der *Porte-dieu*, nämlich der Priester, der das Allerheiligste trug. Als ein Bettler an der Statue Heinrich IV. vergeblich die Leute im Namen St. Peters und aller Heiligen angerufen, sprach er: „Im Namen Heinrich IV.", und erhielt etwas.

Als der Marquis von Brunoi, der Sohn eines Millionärs, eine große Summe bestimmte, um das Fronleichnamsfest in besonderer Weise zu schmücken, verklagten ihn seine Eltern beim Gericht als Verschwender. Er sprach: „Wenn ich das Geld einer Buhlerin gegeben hätte, würde man nichts Schlimmes gefunden haben; ich habe es dem Schmuck des katholischen Kultus in einem katholischen Land geweiht, und man hat ein Verbrechen daraus gemacht."

Vom Abbe Pelegrin, der Opern dichtete, während er die Messe sang, hatte man ein Epigramm gemacht, welches auf viele ging:

*„Le matin catholique et Ie soir idolâtre
Il dine de l'autel et soupe du theatre."*

Ein Prinz – und sogar die Prinzen des königlichen Hauses waren gegen die damalige Kirche – hatte einen „aufgeklärten" Abbé als Almosenier. „Lieber Abbé", sprach er zu ihm, „Sie sollen mein Almosenier sein – aber ich höre keine Messe." „Und ich, Monseigneur", antwortete jener, „ich lese k e i n e ."

Auch die Sagen erzählen, dass es oft schwer ist, für die Armen einen rechten Paten und eine Patin zu finden. Diese müssen dann laut das Credo bekennen, was nicht für alle leicht ist, auch in unsern Tagen nicht. Aber ein Pariser antwortete dem Geistlichen, der es streng verlangte: „Ich habe noch den Ton davon behalten, aber ich habe die Worte vergessen."

Dies galt von der zeremonialen Ausführung im ganzen Land. Es war noch der alte Ton, der alte Brauch, das alte Glöcklein – aber die W o r t e des Lebens und des Geistes hatte man vergessen. Jener, dem man aufgegeben hatte, Erbsen in seine Stiefel zu tun und damit eine Wanderung auf den Mont Calvaire zu unternehmen, fand die Sache nicht angenehm genug, doch wollte er nicht ungehorsam sein. Er kaufte Erbsen, tat sie aber nicht in seine Stiefel, sondern ließ sie kochen auf dem Wege und aß sie. Damit symbolisierte sich der gesamte damalige kirchliche Brauch. Statt zu büßen, verstand man zu genießen.

Aber eben darum haben die katholischen Schriftsteller so sehr Unrecht, den Protestantismus für die Revolution verantwortlich zu machen. Die Beschuldigung, dass zwei hervorragende Volksmänner, Barnave und Rabaud, Protestanten gewesen, ist hinfällig, wo das gesamte katholische Volk und Geistliche und Adel sich an der Revolution beteiligten. Beide Männer standen außerdem dem kirchlichen

Leben so fern wie Tausend andere; es waren ausgezeichnete Männer, die später im Wirbel der Dinge weiter fortgerissen wurden, als sie selbst wollten. Barnaves schönste Rede war für die Unverletzlichkeit des Königs. Sie haben beide ihr Haupt auf den Block gelegt durch des „katholischen" Robespierre Anklage.

Es ist kein Moment vorhanden, um eine tatsächliche Teilnahme der Reformirten an dem Beginne der Revolution nachzuweisen; dass sie der Frucht derselben, ihrer religiösen Freiheit, sich freuten, wird man ihnen nicht verdenken. Im Jahre 1794 erschien eine Schrift in Paris unter dem Titel *„Le tombeau de Jaques Molay"*; man wollte darin nachweisen, dass die Revolution eine Rache der Templer am Königtum und der Kirche sei. Es war nur ein böses Gewissen, welches diese Meinungen hervorbrachte. Man erinnerte sich der Gewalttaten gegen die Templer und gegen die Reformierten. Aber diese selbst rächten sich nicht. Es gibt aber ein Gericht in der Weltgeschichte, welches zu seiner Zeit jede Gewalt und Tyrannei straft, umso mehr, wenn sie im Namen Gottes ausgeübt sind. Es haben sich in der Tat Katharina von Medicis und Louis XIV. mehr versündigt im Missbrauch der Gewalt als Nero, obschon er die Apostel erschlug. Nero hat niemals die Stimme Jesu für sich in Anspruch genommen – und die Kirchenmänner des Blutes und der Flammen haben nicht anders gehandelt, als die falschen Propheten Jesebels, welche die Könige antrieben durch Mord und Exil Elias und die Seinen zu verfolgen. Denn sie haben niemals das Abendmahl der Liebe ausgeteilt.

Und doch sind nicht die einzelnen Kirchenfürsten, die vor hundert Jahren lebten, an sich zu beschuldigen – es waren echt priesterliche Menschen darunter – sondern das damalige Staats- und Gewaltssystem der Kirche, gegen welches sich das Volk – als es einmal den Zügel sprengte, mit glühender Gewalt erhob. Im Juli 1790 schrieb man aus

Paris: „Aber dies will ich anführen, daß in Paris bei dem gesammten Pöbel und in der Nachbarschaft dieser Stadt 6–7 Lieues weit alle Ideen von Religion verschwunden sind; daß man Messe, Beichte und geistliche Pflichten für eine Tyrannei der Geistlichkeit ausschreit, und von keiner Art von Freiheitszwang mehr hören will. So hat man dieser leichtsinnigen, feurigen Nation den einzigen Zaum abgestreift, der sie noch zurückhalten konnte, und jetzt ist allen Lastern und Unordnungen Thor und Thür geöffnet" etc.

Gewiss war es der einzige Zaum – aber er sollte keine Stacheln haben. Nicht zum Herrschen war er da, sondern zum Leiten. Die Kirche soll nicht den Zügel führen um ihretwillen, sondern des armen Menschen willen. Sie soll nicht das Volk wie einen Besitz, sondern wie teure Freunde ansehen. Je größer ihre Aufgabe, desto größer ihre Verantwortlichkeit. Sie warf die Schuld auf Calvinisten, Jansenisten, Philosophen – aber warum ließ sie sich ihre Herde entreißen, warum erschien sie nicht lieblicher als diese – warum vergaß sie, dass man Pferde vielleicht mit Gewalt regiert, aber nicht Menschenherzen. Warum vergaß sie, was der Prophet Hesekiel Cap. 34 zu dauernder Mahnung verkündet.

Wie kam es, dass gerade in der Bretagne, wo die ersten Keime der Revolution aufgingen – noch heute in den Sagen des Volks der Hass gegen die Mönche sich zeigt. Man behauptete, sie wären Zauberer[16] „und ihretwegen habe Gott die Revolution gesandt, welche sie züchtigte" (*qui les chatia justement*). Man erzählte, dass die Mönche von Bosquen sich mit bösen Dingen beschäftigten. Wie die Hexen in Macbeth hatten sie, wenn sie sich begegneten, gefragt: „Was machen wir heute?" Einer sprach: „Wir müssen den Hafer verderben lassen." „Gut, du hast Recht", sprachen sie. Da gaben sie einem jungen Menschen, der

---

16   Sebillot I. p. 337.

ihr Diener war, den Auftrag, er solle den Inhalt einer Flasche durchs Fenster werfen, denn sie hätte die Kraft, alles zu verderben, was man eben nenne, sobald man dazu sage: „Berluke." Der junge Mensch aber warf nicht alles hinaus. Die Mönche fragten ihn, weshalb; er meinte, man könne es lieber wiederholen. Und in der kommenden Nacht warf er alles hinaus und rief: „Berluke, alle Mönche sollen umkommen." Und das geschah, seit der Zeit sind keine mehr da.

In demselben Bosquen war ein Prior,[17] der ein Zauberer war und weissagen konnte. Der sprach in den siebziger Jahren des vorigen Jahrhunderts: „In einiger Zeit werden wir verfolgt werden und die Form der Regierung wird sich ändern." „Wird das noch lange dauern?", sprach ein andrer. „Nur zehn bis zwölf Jahre", erwiderte er. Man schrieb ihnen die Kunst zu, Regen zu machen;[18] man warf ihnen Trunkenheit vor und dass sie Jungfrauen verlockten und dann töteten. „Die Feinde der Mönche verbreiteten im ganzen Lande solche Geschichten. Die Väter lehrten es die Kinder, und von Geschlecht zu Geschlecht kamen sie bis zu uns." Auch in den Sagen der Bretagne zeigt sich, was auch sonst verbreitet ist, dass wenn von den Wanderungen Christi mit seinen Aposteln auf Erden die Rede ist, grade S. Peter immer als der Sinnliche und Törichte vorkommt, mit dem *le bon Dieu* nicht zufrieden ist. Sie stellten ihn auch als den dar, der in jedem Fall die Schläge leidet. Es waren dies Spöttereien gegen die Kirche überhaupt.

Es war daher nicht töricht, wie Mounier meint, dass der Karthäuser Dom Serle, die Prophetin la Brousse und andere in dem Umsturz der Kirche während der Revolution d i e e r s t e K i r c h e glaubten wiederkommen zu sehen.

---

17 Sebillot I. p. 339. „Dans quelque temps nous serons persecutés et la forme du gouvernement changera."

18 Bladé Contes en Agenais p. 50.

Wäre sie nur wiedergekommen! Als sie schwach war, die christliche Kirche, an Weltmacht und Pfründen – da war sie stark. Der Vorteil, durch Geld und Gut zu regieren, wird immer aufgewogen werden durch den Nachteil, die Herzen zu verlieren.

Es war eine soziale Revolution – und nicht, wie Necker meinte, eine f i n a n z i e l l e. Die einzige Heilung dieser kann allein die apostolische Lehre werden. Der Papst, der den Kirchenstaat beansprucht, wird mit dem Antichristen der Revolution nicht streiten können. Nur zu dem armen Christus kamen die Engel und dienten ihm. Sein Reichtum war, zu geben. Er kann Gold, Weihrauch und Myrrhen empfangen – aber für sein Volk. Von Paulo, dem Teppichmacher, wurde das Zelt der christlichen Kirche erbaut – darinnen die Pilger wohnen – wandernd zur Ewigkeit. Zu Marmorpalästen hat er nicht ermuntert.

Die schreckliche Bluttaufe, die über das Königtum und die Kirche gekommen ist, war ein großer Läuterungsprozess Ludwig XVI., den Camille Desmoulins liebte und pries, starb im Gerichte des dritten und vierten Geschlechts, wie die Schrift verkündet. Unschuldiger als er war kaum Ludwig IX., der Heilige – und die gesamte Monarchie Europas ist in einer Reinheit aus der Revolution hervorgegangen, wie sie ihr niemals bisher eigen gewesen ist. Die Königshäuser haben das Beste in Anspruch genommen aus den Stürmen dieser Zeit. Das Regiment Louis XVIII. und Charles IX. war sicher reiner und loyaler als der Hof Louis Napoleons. Die Völker Europas sind von dem Blendwerk sogenannter Republiken zurückgekommen. Das Königtum des modernen Europa glänzt von Pflichterfüllung und Treue gegen seinen Beruf und sein Volk. Was man Louis XVI. zuschreibt, dass er gesagt: „Was machts, dass meine Autorität leidet, wenn nur mein Volk glücklich ist", sagen, wünschen und sehnen alle. Und doch sicher nirgends mehr wie in unserm Vaterland.

Die Könige dieses Jahrhunderts, und nicht erst seit dem 18. Oktober 1813, haben trotz aller Irrungen der Zeit Beispiele edler Pflicht und Arbeit ihrem Volke offenbart. Sie sind Könige der Sorge und Liebe für ein freies Volk. So wird es auch in der Hoffnung des 18. Oktober bleiben.

Die französische Revolution ist auch eine Reinigungstaufe für die Kirche gewesen. Es sieht anders aus in der römischen Kirche der Gegenwart wie vor hundert Jahren.

Aber der Kampf, den sie jetzt besteht, ist nicht kleiner als damals, wenn er auch nicht am Fuß der Guillotine gestritten wird. – Auch heute noch ruht auf ihr ein großer Teil der Verantwortung der sozialen Zustände Europas.

Sie wird heilen und helfen – nicht aus der Politik der Klugheit und Gewalt – sondern allein aus dem Evangelium heraus. Die Selbstreformation, nicht die Selbsterhöhung wird siegen. Die sich selbst erniedrigen, werden erhöht werden. Ich habe hier nicht von vaterländischen Zuständen zu reden. Ich schreibe keine polemische Schrift. Ich würde gern mein Leben hingeben für die soziale und christliche Erweckung der Völker. Aber das „Centrum" in unsern Kammern soll nicht glauben, dass seine Kraft sich herschreibe aus dem lebendigen Glauben seiner Wähler an Jesum Christum allein, sondern zumal aus der fleischlichen Oppositionsneigung, die es geweckt hat. Solche Widerstände kannte man in der französischen Kirche vor 1789 auch. Auch in der evangelischen Kirche ist es eine große Gefahr, Leidenschaften des Neides und Nationalhasses unter christlichem Namen zu erwecken und sich dann einzubilden, man habe christliche Heerscharen zum Kreuzzug versammelt.

Die streitende Kirche kann sich über ihre Erfolge niemals beglückwünschen. Die leidende wird immer siegen.

II.

Kotzebue, seine Ehe und das Theater

Vorwort zu „Meine Flucht nach Paris" von Paulus Cassel

Die nachfolgende Schrift: Meine Flucht nach Paris im Wintermonat 1790. Für bekannte und unbekannte Freunde, geschrieben von A. v. Kotzebue, erschien in Leipzig bei Paul Gotthelf Kummer im Jahre 1791. Die darin gegebenen Schilderungen Pariser Lebens sind nicht ohne Interesse – sie charakterisieren das Volk und den Erzähler zu gleicher Zeit.

Der Dichter, damals erst 30 Jahre alt (er war am 3. Mai 1761 in Weimar geboren) hatte in den letzten Tagen des November (27. oder 28.) seine Frau Friederike, geborne von Essen, nach einer glücklichen, sechsjährigen Ehe verloren.[19] Sie starb infolge einer Entbindung. Sein Schmerz war ungemein. Aus Verzweiflung und um sich zu beruhigen, ging er nach Paris, daher er die Schrift eine Flucht nannte. Dass er seine Frau herzlich geliebt hat, ist offenbar – aber die eraltierte Weise, in welcher er davon redet, macht keinen erquicklichen Eindruck. Auch der Schmerz

---

19 Die Schilderungen des Krankheitsverlaufes und die detaillierte Reisebeschreibung bis zu Kotzebues Ankunft in Paris wurden des mangelnden Interesses wegen in diesem Abdrucke weggelassen. Der Herausgeber D. Paulus. Cassel, 1882.

hat mehr schamhafte Natur. Aber theatralisch war alles, was er von der Ehe erzählte. „Wenn sie gesund worden wäre, sollte der älteste Bube ein Gedicht auswendig lernen und ein paar Waisenkinder wollte ich kleiden und eine kleine Gesellschaft zusammenbitten. Wenn wir bei Tisch säßen, sollte plötzlich im Nebenzimmer eine Musik ertönen: Herr Gott, dich loben wir. Da sollten die Pauken drein wirbeln! Und wir wollten die vollen Gläser in die Höhe heben, ich meinen Arm um den Nacken meines Weibes geschlungen, und so wollten wir singen: ‚Herr Gott, dich loben wir!'"

Sehr seltsam war der Spaß, den er am 1. April desselben Jahres mit seiner Frau trieb, wie er erzählt. Er schrieb ihr – als Aprilscherz – einen kritzlichen, unleserlichen Brief, als komme er von einer armen Witwe, die mit ein paar halbnackten Kindern in einer ziemlich weiten Entfernung von der Stadt auf einem kalten Boden verschmachte und ihre Hilfe anflehe. „Es war ein kalter windiger Tag, meine gute Friederike war damals nicht einmal ganz gesund, aber sie suchte in Eile alte Wäsche und Kleider zusammen und ließ anspannen. Ich lief voraus an den bezeichneten Ort, ich sah den Wagen von Weitem kommen, er hielt still an einem Hause am Ende der Vorstadt. Ich erschrak und glaubte meinen Scherz verrathen. Ach nein! sie war ausgestiegen, um Semmeln zu kaufen für die hungrigen Kinder, welche sie anzutreffen glaubte. So trat sie in das bezeichnete Haus mit einem Bündelchen Wäsche, einem Schnupftuch voll Semmeln, und zwei Rubeln zwischen den Fingern, halb erfroren" – und fand niemanden; es war ein Aprilscherz, ein sehr sonderbarer, denn es hätte nicht an wirklichen Adressen gefehlt, wo die Semmeln anzubringen waren. Mit solchen Gefühlen und Wohltaten spielt man keine Komödie.

Er kokettiert etwas mit seiner Liebe – aber ohne Herz war er nicht. Ein geistreicher Mensch war er immer, aber seine Manier kann keine Sympathie erwecken. Der Theaterdichter ging durch sein ganzes Leben – bis er in einer Tragödie starb. Am 30. November kam er über Erfurt, wo er im Schleendorn logierte, in Mainz an. In Landau (! !) war die erste französische Besatzung, dort fängt er an zu klagen, „es ist eine alberne Einrichtung in Frankreich, daß man nirgends als auf den Kaffeehäusern Kaffee trinken kann" … „Auf dem Kaffeehaus darf kein Tabak geraucht werden." In Straßburg lernte er die Uniform der Nationalgarde kennen. „Auf den Knöpfen stand: *la loi et le roi.* Ich frug, ob der *roi* etwa nur des Reims wegen dastände." Am 18. verließ er – nach einer sehr drastisch geschilderten Diligencefahrt – Chateau-Thierry, kam mittags in Meaux an und war endlich sechs Uhr abends in Paris.

Das Büchlein, welches wir aus seiner Feder publizieren, trägt seine Weltanschauung. Er ist vor allem Theaterfreund. Die Hauptsache ist, Theater zu besuchen. Andere Reize gab es für ihn scheinbar nicht. Aber darin war er ganz modernes Menschenkind. Man beurteilte ihn nur schärfer um seiner politischen Gesinnung wegen. „Er dient", sagte er, „der Kaiserin von Russland" und hat ihr doch so Schmeichelhaftes nicht gesagt wie Voltaire. Aber die Urteile der Menschen sind vielfach strenger als die Menschen selbst. Die Leichtfertigkeit und Frivolität Kotzebues war nicht allein auf der Seite, auf welcher er damals stand.

Man kann den schwärmerischen Sand eher verstehen, der ihn ermordet, als manche seiner Kritiker, die ihn ästetisch getadelt.

Er widmet sein Buch Frau von Rosen, in deren Familie er einmal gelebt hat. Er hatte, wie man daraus sehen darf, ein dankbares Herz.

Ich hoffe, dass der Abdruck dieses Buches, das ich einmal auf einer Reise erwarb – doch nicht ohne Belehrung

bleiben kann. Es erinnert an die Zeit vor hundert Jahren –
Erinnerung lehrt immer.

Berlin, November 1882. P. C.

III.

Meine Flucht nach Paris im Winter 1790

von August von Kotzebue

Am 18. Dezember 1790

verließen wir Chateau-Thierry, waren mittags in Meaux und kamen endlich abends nach sechs Uhr, reisens- und lebenssatt nach Paris.

Unendlich leid tat es mir, dass es schon dunkel war. Doch machten die niedlich aufgeputzten und erleuchteten Kramläden zu beiden Seiten der Straße eine angenehme Wirkung. Die Gewohnheit, überall mit großen Buchstaben den Namen und das Gewerbe des Bewohners an die Häuser zu malen, gefällt mir sehr; man findet sie, sobald man die französische Grenze betritt. Zugleich führen die meisten Häuser Schilder, und – ein sonderbarer Zug der französischen Prahlerei – fast immer ist etwas Gold dabei angebracht. *La pomme d'or; La boule d'or; Au Lion d'or; à Ia Clef d'or* etc. Ehemals hielt man den Geschmack unserer Voreltern an bunten Farben für das Zeichen der Kindheit eines Volkes. Sollte der Geschmack am Golde nicht vielleicht das Greisenalter eines Volkes bezeichnen, das wieder in Kindheit zurückfällt? Das Wort *or* wird indessen jetzt zuweilen von dem Worte *nation* und *national* verdrängt, welches sie überall hinklecksen. So sah ich vor einigen Tagen sogar ein Haus mit der Überschrift: *Traiteur de la nation*. Den Henker!, dachte ich, es soll dir sauer werden, das ganze hungrige Volk zu traktieren.

Am 19.

Wäre ich nicht im Mittelpunkte aller Zerstreuungen, so würde der heutige Tag mir sehr traurig verfließen, denn es ist der Stiftungstag unsers Liebhabertheaters. Heute ist in Reval Jubel und Freude, heute vor einem Jahre wurde meine Sonnenjungfrau zum ersten Male dort gespielt, meine teure Friederike machte die Amazili, der Kranz im Haar stand ihr so gut – o Gott! Welch' eine schmerzliche Rückerinnerung!

Wir gingen gegen Mittag ein wenig im Palais royal spazieren. Schulz hat es sehr gut beschrieben, ich sage also nichts mehr davon. Es hat einen angenehmen, aber keinen großen Eindruck auf mich gemacht. Das schöne Gebäude der Buden in Petersburg gibt ihm wenig nach.

Ein Mensch lud uns im Vorbeigehn mit großem Geschrei ein, einen *homme sauvage* (wilden Mann) und eine *jeune Alsacienne* für 12 Sous zu sehn. Der *homme sauvage*, der Gott weiß auf welcher Insel gefangen worden sein sollte, war ebenso wenig *sauvage* wie ich. Er war ein schöner Kerl mit einer Christusphysiognomie, der sich einen schwarzen Bart hatte wachsen lassen und übrigens in einem lächerlichen Aufputze erschien. Im Haar trug er einen Kranz von künstlichen Blumen und am Körper nichts als ein Netz von Bindfaden, in weiten Maschen gestrickt. Seine ganze Wildheit bestand darin, dass er Steine fraß, wie es bekanntlich mehrere Menschen gibt. Er zermalmte die Kiesel mit den Zähnen, sperrte das Maul weit auf, um uns die klein gekauten Steine sehen zu lassen, schluckte sie hinter und ließ uns dann auf seinem Unterleibe trommeln, wo wir ein ansehnliches Depot von Steinen konnten klappern hören. Betrug schien es mir nicht zu sein. Der einzige Betrug war, dass er sich stellte, als könne er nicht sprechen.

Hierauf erschien die junge Elsasserin, ein Mädchen von ungefähr zwölf Jahren, geschminkt wie ein Weihnachtslärvchen, übrigens schmutzig wie ein Ferken, die uns allerlei alltägliche Kunststücke auf dem Drahte vormachen wollte. Ich verbat mir das, zahlte meine 12 Sous und ging.

Ein anderer Schreier machte uns aufmerksam auf den Saal voll Wachsfiguren in Lebensgröße, der wirklich sehenswert ist. Der König, die Königin, der Dauphin mit seiner Schwester, la Fayette, Bailli, Voltaire, Rousseau, Franklin, die berühmten beiden Gefangenen, die in ihrer Gefangenschaft so interessant und außer derselben so langweilig sind, ich meine Trenk und la Tude, die indianischen Gesandten, die einst hier waren, Madame du Barry schlafend und halb nackend, Maria Theresia, Clermont Tonnerre und Gott weiß wer sonst noch alles, stehen hier in außerordentlicher Ähnlichkeit in ihrer gewöhnlichen Kleidung. – Was gäbe ich nicht darum, eine solche Abbildung meiner Friederike zu besitzen! – Bin ich nicht ein Tor! Als ob ihr Bild in meinem Herzen nicht weit lebendiger stünde, als der Künstler es nachzubilden vermag. – Aber doch! – Ich würde die Figur neben mich an den Tisch setzen wie die Ägypter ihre Mumien, welches, im Vorbeigehn gesagt, mir eine vortreffliche Gewohnheit zu sein scheint.

Lächeln musste ich darüber, dass Rousseau und Voltaire so friedlich beisammen an einem kleinen Tischchen saßen und sich ganz gelassen etwas vorzudemonstrieren schienen.

Es ist unterhaltend, sich auf den Kaffeehäusern im Palais royal herumzutreiben. Allentalben hängen Affichen, Annoncen, Avertissements, die mitunter sehr drollig sind.

Zum Beispiel: es bot sich auf einem kleinen demütigen Zettel in Oktav ein Bedienter an, der außer seiner Muttersprache, dem Französischen, auch noch Deutsch, Italienisch und Englisch verstehe, frisiere, rasiere, koche, die Pferde striegle, ein Cabriolet kutsche etc. – Ich möchte wissen, was er unter dem *et cetera* noch verstehen konnte.

Von Freiheit und allem, was dahin gehört, wird hier und überall bis zum Ekel geschwatzt. Unser Perückenmacher, der auch ein Mitglied der Nationalgarde und ein gar eifriger Demokrat ist, nennt den König nicht anders als *le pauvre homme* und die Königin *la Coquine, la miserable femme du roi*; und wenn er bei guter Laune ist: *la femme de Louis XVI.* und wenn er bei spöttischer Laune ist: *la femme du pouvoir exécutif.* Überhaupt erlaubt man sich, laut zu sagen: Es sei jammer und schade, dass man die Königin nicht am 6. Oktober umgebracht, da man doch schon so nahe dabei gewesen.

Das Volk ist in Unruhe, der Kaiser Leopold werde Truppen in Frankreich einrücken lassen. Man hat der Königin, so sagt man, einen Zettel unter die Serviette gelegt, worauf gedroht wird, ihren Kopf ihrem Bruder auf einer Pike entgegenzutragen, wenn er es wage, die französische Freiheit anzutasten.

Vor einigen Tagen gab es in der Oper einen fürchterlichen Auftritt. Man spielte Iphigenie. Bei dem Chor: "*chantons, celebrons notre reine!*" (lasst uns preisen unsre Königin!), applaudierte die Herzogin von Biron und noch einige andere in den benachbarten Logen. Man rief „bis! bis!", welcher Zuruf sonst in der Oper nie gewöhnlich sein soll; und als der Schauspieler es wirklich wagte, das Chor wiederholen zu lassen, warf ihm die Herzogin einen Lorbeerkranz auf die Bühne. Schon genug und übersatt, um das Volk in Wut zu jagen. Man schrie, man lärmte, man nahm sich die Freiheit, der Herzogin den Ehrentitel *Catin* beizulegen, alles stürzte hinaus, kaufte und raubte Orangen, Äpfel und Birnen, harte und weiche. Die ganze Loge war in einem Augenblicke mit Obst, die arme Duchesse mit blauen Flecken bedeckt und konnte noch froh sein, dass ein Messer, welches mit herauflog, sie nicht traf. Einige unter dem Haufen, mehr mutwillig als boshaft, hatten Rutenbündel mit hereingebracht, um ihr vor den Augen des ganzen Publikums einen derben Schilling zu geben. Sie hatte so viel Geistesgegenwart, den Pöbel austoben zu lassen und bei alledem ganz ruhig zu bleiben. Verließ sie die Loge, so zerriss man sie im Foyer; wagte sie ein beleidigendes Wort oder Gebärde, so zerriss man sie in der Loge.

Es ward endlich wieder ruhig. Die Herzogin ließ alle die Äpfel, Birnen und Orangen sammeln, vergaß nicht, das Messer beizulegen und übersandte das ganze Bündel dem Marquis de la Fayette, wobei sie ihm sagen ließ: er sehe hier des *preuves frappantes*[20] *de la liberté française* und sie bitte ihn, alles dies in ihrem Namen auf dem Altar der Freiheit niederzulegen. – Sie soll gleich darauf Paris verlassen haben.

Der Schauspieler Enné musste am andern Tage das Publikum demütig um Verzeihung bitten und den erhaltenen Lorbeerkranz öffentlich mit Füßen treten.

Beweise von dem Übermut der Nation kann man täglich sammeln. Der Fiaker, der uns gestern Abend in das Hotel d'Angleterre et de Russie brachte, wo wir wohnen, nannte meinen Reisegefährten im Gespräch *mon ami*. Dieser antwortete ihm lächelnd: „Glaubst du im Ernst, dass ich dein Freund sei?" – „*Ah ba!*", sagte der Fiaker: „*nous sommes tous égaux!*" (wir sind einander alle gleich). Auch unser Lohnlakai, der uns heute einen Wagen holte, um in die Oper zu

---

20 Dies Wortspiel lässt sich kaum übersetzen. Allenfalls: schlagende Beweise der französischen Freiheit.

fahren, bat uns *sans façon* um Erlaubnis, sich mit hineinsetzen zu dürfen, weil das Wetter schlecht sei.

Die Oper hat mir gefallen und weiter nichts, hundert Nebendinge aber haben mir sehr missfallen. Als wir um fünf Uhr dahinkamen, war das Haus schon ganz voll und wir bekamen mit Mühe noch Billets auf den Balkon, das heißt: in eine Art von großer Loge an den beiden Seiten des Theaters. Ein solcher Platz kostet 10 Livres, also einen halben Louisd'or, das finde ich teuer. Und wenn wir wenigstens dafür einen guten Platz gehabt hätten; aber nein! Auch hier war es bereits ganz voll und wir mussten froh sein, ungefähr die Hälfte der Bühne übersehen zu können.

In den Logen rings umher glänzten viele, sehr viele, größtenteils künstliche, schöne Gesichter. Ach! Nirgends eine Friederike! Nirgends ein Gesicht, das den vollen Ausdruck der Güte so in jedem Zuge trug wie das ihrige.

Ein junger höflicher Mann, der neben mir stand, zeigte mir eine gewisse Madame Gouverné, von der er mir sagte, sie sei das schönste Weib in Paris. Er mochte Recht haben. Sie schien auch mir außerordentlich schön und hatte viel von der sanften Grazie, ohne welche kein Weib in meinen Augen schön ist.

Man gab *Les pretendus, Opera comique*. Musik und Sänger waren vortrefflich und, was man bei unsern deutschen Operisten vermisst, sie spielten auch alle sehr gut. Den Beschluss machte ein Lieblingsballet des hiesigen Publikums in drei Aufzügen: Psyche. Der Total-Eindruck davon war bei mir nicht stark, aber einzelne Stellen und Maschinen haben mir außerordentlich gefallen. Psyche, oben auf dem schroffen Felsen, vom Zephyr in einer Wolke fortgetragen, die, als sie schon dem Auge entrückt war, noch einen lichten Schein hinter sich ließ; Psyche an der Toilette, wo die Liebesgötterchen allenthalben gleichsam hervorwuchsen; Psyche als Schülerin der Terpsichore; das alles hat teils stark auf meine Sinne, teils sanft auf meinen innern Sinn gewirkt. Vom Tanzen, das heißt, vom bloßen Springen und Herumdrehen und Arme und Beine Aufheben, bin ich kein großer Liebhaber, daher hat auch sogar Vestris als Amor mit seinem Solo und *pas de deux* mich kalt gelassen. Hingegen gefiel mir sehr das leichte Schweben des Zephirs, der wirklich mehr zu fliegen als zu gehen schien. – Der Herkules sah gerade aus wie der Steinfresser von diesem Morgen. – Einiges war mir zu grässlich für ein Ballet. Zum Beispiel das Herumwälzen und Herumzerren der Psyche in den Armen von einem Dutzend Teufeln, ihr Herabstürzen von einem hohen Felsen in den brennenden Phlegeton etc. Die Tänzerin, welche die Psyche darstellte, war ein reizendes Geschöpf und konnte so viel Unschuld heucheln, als sei sie in ihrem Leben nicht Tänzerin der großen Oper in Paris gewesen.

Ob das ganze Spektakel einen halben Louisd'or wert war, darüber bin ich noch nicht mit mir selbst einig; dass ich aber das Nachspiel nicht für 10 Louisd'or wieder mitspielen möchte, das weiß ich gewiss. Eine halbe Stunde warten zu müssen, ehe die Menge sich verlaufen habe, darauf waren wir gefasst; aber ach! Schon andertalb Stunden hatten wir uns im Foyer gelangweilt, ehe das Gedränge dünner wurde und wir es wagten, unsern Bedienten zu suchen. Dabei standen wir von allen Seiten den schrecklichsten Zugwind aus und retirierten wir uns in eine Loge, so jagte uns der Gestank der ausgelöschten Lichter und Lampen wieder heraus. Zum Unglück konnte der Lakai keinen Fiaker finden und das verlängerte unsere Qual. Ein kalter Schneewind durchpfiff uns am Eingang. Ich armer, hypochondrischer Mensch sah mich im Geist schon am Rande des Grabes.

Endlich kam ein Wagen und ein neuer Zug von der Impertinenz des französischen Pöbels presste mir ein Lächeln von den erfrornen Wangen. Es näherte sich mir nämlich ein Savoyard und verlangte ein Trinkgeld dafür, dass er den Wagen geholt habe. Ich sagte ihm, das habe ja mein eigner Bedienter getan. Der Savoyard versicherte das Gegenteil und der Lakai gestand endlich, er habe, um seine Strümpfe nicht zu beschmutzen, den Savoyarden an seiner Stelle geschickt. Ich sagte ihm, dass er meinetwegen schicken könne, wen er wolle, aber auch selbst bezahlen müsse. Das tat er denn auch nach einigem Widerstand und wir traten unsere Fahrt an.

Kaum waren wir einige Schritte vorwärts gekommen, als eine klägliche Stimme uns anhielt und der Fiaker bat, ob wir nicht dem Monsieur da draußen erlauben wollten, den vierten Platz im Wagen einzunehmen (denn auf den dritten hatte sich abermals der Herr Lohnlakai gepflanzt), da sein Weg auch nach dem Palais royal gehe. Wir willigten sehr gern ein und es stieg ein gut gekleideter Herr zu uns in den Wagen, der mit französischer Leichtigkeit Bekanntschaft machte und in einer Viertelstunde von der Sonne bis zum Ysop, der an der Wand kriecht, sprach.

Wir äußerten Verlangen, einer *Assemblée nationale* und ihren Debatten beizuwohnen. Er sagte uns, man werde nicht ohne Billet eingelassen, er selbst aber sei *député à l'assemblée nationale* und werde sich daher ein Vergnügen daraus machen, uns Billets zu verschaffen, welches Erbieten wir mit vielem Danke annahmen. Noch weiß ich nicht, wer der höfliche Mann war, denn es ist eine von meinen Schwachheiten, dass ich niemand um seinen Namen fragen kann, so wie ich mich auch selbst höchst ungern nenne. Indessen habe ich ihm meine Adresse gegeben und hoffe also, mehr von ihm zu hören.

Unser Landsmann Schulz steht hier im Hause, wo auch er wohnte, noch in gutem Andenken, wie überall, wo er gewesen ist. Die Wirtin sowohl als unser Perückenmacher, der auch ihn frisiert hat, nennen ihn *bon enfant* und glauben vermutlich, einem Deutschen eine große Ehre durch diese Benennung zu erzeigen.

Am 20.

Blech, Leder und Papier sind schon oft in der Not zu Münzen ausgeprägt worden. Hier findet man jetzt kein anderes Geld als Papierlappen, Assignate genannt, mit des Königs Bildnis. Die geringsten sind von 200 Livres.

„Was soll ich damit machen?", frug ich heute meinen Bankier, Monsieur Perregaux, der mir einen Wechsel von ein paar tausend Livres in dieser nichtklingenden Münze auszahlte. Er zuckte die Achseln. „Wir haben nichts anders!"

„Das ist traurig!"

„Sehr traurig, mein Herr", und damit ließ er mich laufen. Ich verliere fünf Prozent beim Wechseln und wechseln muss ich doch, da es tausend kleine Ausgaben gibt, die geringer sind als 200 Franken. Nun verstehe ich die Savoyarden, die mir seit einigen Tagen zu Dutzenden am Eingang des Palais royal entgegengeschrien haben: *„Voulez vous de l'argent, Monsieur?"* Dabei klingelten sie mir immer mit ihren vollen Beuteln um die Ohren und ich wusste nicht, ob sie ihren Spaß mit mir trieben.

Heute fuhren wir auf die Boulevards zu den *grands danseurs du roi*, die gar keine *danseurs* sind, ebensowenig Großes an sich haben wie der König, ihr Herr, und ihren prächtigen Titel ebensowenig verdienen wie die Erzbischöfe von Kalzedonien, Tarsus, Joppen etc. Wie sie zu diesem Titel gekommen sind, das mag der Himmel wissen! Der König hat seine *grands danseurs* gewiss nie gesehn.

Das Schauspielhaus würde einer kleinen Landstadt in Deutschland Ehre gemacht haben. Die Entree auf den ersten Platz kostet hier nur 30 Sous, also ungefähr sechsmal weniger als in der Oper. – „Und ist auch sechsmal weniger unterhaltend?" Das kann ich eben nicht sagen. Zwar, als wir hineintraten (es war erst halb 6 Uhr), tanzten einige sehr schmutzige und kränklich aussehende Kinder auf dem Seile, welches sie ein Divertissement nannten, ob es gleich niemand divertierte. Indessen, über Namen wollen wir nicht streiten, es geht oft so in der Welt.

Um 6 Uhr hub das eigentliche Schauspiel an. Man gab *la pêche aux huitres* (die Austerfischerei). Vier Weiber prellten ihre Männer und das Ganze war ziemlich indezent, aber die meisten spielten allerliebst mit einer Leichtigkeit, Feinheit, Schnelligkeit, Natur und Wahrheit, die ich auf den berühmtesten deutschen Bühnen nie fand. Das fiel immer so richtig ein, das stockte nie, das rollte so rasch fort, das warf den (freilich oft zweideutigen) Witz so leicht hin, akzentuierte keinen witzigen Einfall, wie unsere deutschen Schauspieler leider beinahe immer zu tun pflegen, kurz, es riss mit sich fort zu beständigem Lächeln und Lachen. Alle hatten ihre Rollen vortrefflich einstudiert und das mussten sie auch, weil sie gar keinen Souffleur hatten. Ich habe das auf mehreren Pariser Theatern gefunden und wo er auch noch gebraucht wird, sitzt er wenigstens nicht in dem verdammten Bienenkorbe, sondern so tief unten, dass seine Augen mit der Bühne parallel laufen und er also schon durch die Lampen ganz verdeckt wird. Wieder ein großer Vorzug vor den deutschen Bühnen. Wann wird denn einmal ein deutscher Directeur diese verhasste Gewohnheit lieber ganz abschaffen? Und dadurch die Nachlässigen zwingen, unsere Ohren nicht durch das ewige Hapern und Stottern zu züchtigen.

Diese Leute waren des Konversationstons so ganz Meister, dass man schon in der zweiten Minute nicht mehr vor einer Bühne, sondern mitten in einem Zimmer zu sitzen glaubte. Auf die *pêche aux huitres* folgte *l'abbé Courtdiner*, ein kleines Stück, in welchem gar kein Plan war, das aber wiederum durch einzelne, sehr drollige Szenen und durch die ungemeine Leichtigkeit des Spiels belustigte.

Darauf eine Pantomime, *les metamorphoses de Ia fée bienfaisante* (die Verwandlungen der wohltätigen Fee) in vier Akten, eine eigentliche italienische Komödie mit dem Harlekin, die mir Langeweile machte, weil die Maschinerien nichts taugten, die Kleidungen schlecht und schmutzig waren und endlich, weil ich im Jahre 1782 den Harlekin in Petersburg weit besser gesehen hatte. Dort versäumte ich, trotz des Gespötts meiner Freunde, selten das italienische Lustspiel, weil man sich da immer recht satt lachen konnte und lachen musste, was auch die Vernunft dagegen einwenden mochte. Die ganze Welt konnte nicht begreifen, wie man über das abgeschmackte Zeug lachen könne, aber die ganze Welt ging hin und lachte. Hinterdrein schämten sie sich aber und außer mir gestanden nur wenige ein, dass ihnen das Ding wirklich Spaß mache.

Ich kehre zurück zu den großen Tänzern des Königs. Den Beschluss ihrer heutigen Vorstellungen machte ein sehr ungesittetes Stück in drei Akten, *les quatre rendezvous*. Ein sechzigjähriger Mann liebt das Kammermädchen seiner Frau, die sechzigjährige Gattin den Kammerdiener ihres Mannes, nur das gute Spiel konnte diese ungeziemenden Possen erträglich machen. Endlich noch eine *fête champêtre* (ländliches Fest), in welcher die *grands danseurs du roi* sehr schlecht tanzten.

Das war doch wahrlich genug für 30 Sous. Hätten die Lampen nicht so widrig gedampft, hätte das Orchester nicht so widrig gespielt und hätte man uns in der Pantomime nicht so viel Kolophonium zum Besten gegeben, so würde ich mich ganz erträglich befunden haben.

In die Loge, welche wir eingenommen hatten, schlichen sich auch ein paar Freudenmädchen ein. Da ich dieser

Klasse von Dirnen einmal erwähne, so muss ich bei der Gelegenheit sagen, dass ich auch noch nicht eine gesehen habe, die fähig wäre, einen Mann von nur etwas zartem Geschmack zu reizen. Die Frechheit hat jedes Gesicht gestempelt und der Platz im Auge, den vielleicht einst, in früheren Jahren der Unschuld, Liebesgötter bewohnten, dient jetzt der Siechheit zum Krankenbette. Dicke Schminke deckt die fahle Blässe, schwärzlich blaue Säcke hängen unter den matten Augen. Das ist das treue Bild derer, die ich bis jetzt sah, und ich habe viele gesehn, denn im Palais royal schwärmen sie haufenweise herum. Uns gegenüber, in einer Loge, saß heute auch eine, die Mannskleider angezogen, aber es weislich so eingerichtet hatte, dass man sie augenblicklich für das, was sie war, erkennen musste. Sie hatte Recht, denn ihr Alltagsgesicht wurde durch den blauen Frack mit rotem Kragen sehr gehoben.

Wieder auf unsere Nachbarinnen in der Loge zu kommen, denn die guten Kinder hatten ein Auge auf uns geworfen. Sie saßen vorher in der Loge neben uns, mochten aber wohl gehört haben, dass wir Deutsch miteinander sprachen, mochten uns für ein paar fremde Nigauds halten und gesellten sich daher zu uns. Stoff zum Gespräch fand sich bald. Die eine frug, ob wir Engländer wären?

„Ja", antwortete mein Gefährte.

Ich bemerkte darauf, dass die Fragerin zwar sehr gut Französisch sprach, aber es sehr langsam zu sprechen affektirte. Ich frug sie um die Ursach.

„Monsieur", sagte sie, *„je ne suis pas française, je suis allemande."* (Mein Herr, ich bin keine Französin, ich bin eine Deutsche.)

„Aus welcher Gegend Deutschlands?"

„De Vienne" (von Wien), war die Antwort.

Eine drollige Lüge, denn wir plauderten immerfort Deutsch untereinander und sie nahm es ganz treuherzig für Englisch. Ich musste mich auf die Zunge beißen, um ihr nicht ins Gesicht zu lachen. Vermutlich glaubte sie, unser Zutrauen zu vermehren, indem sie sich selbst für eine Fremde gab.

Wenn wir still schwiegen, so hörte ich sie untereinander reden, von diesem und jenem Traiteur oder Restaurateur, wo man des Abends vortrefflich soupiere. Das war ein *Avis au lecteur*. Ich fuhr aber nach Hause und aß mein einfaches Apfelkompott. – Elende Geschöpfe! – Man muss eine Gattin besessen haben wie die meinige, um das ganze Geschlecht hier nicht hassen zu lernen.

Am 21.

Heute wird auf dem Place la Greve ein armer Teufel gerädert. Ich werde mich wohl hüten, diesen Vormittag auszufahren, damit kein Zufall mich in diese grässliche Gegend führe.

Jeden Morgen pflege ich einige Stunden im Palais royal zuzubringen, auf dem Café de Chartres, wo man deutsche Zeitungen findet oder in Cussacs Buchladen oder im Gedränge der geschäftigen Menge, unter dem betäubenden Geschrei von tausend Ausrufern, mein Blick zerstreut durch tausend niedliche Gegenstände, welche der Luxus in jeder Boutique aufgetürmt und die Gewinnsucht reizend zu ordnen gewusst hat.

Wir wählten diesen Abend das Theater der *Mlle de Montansier au palais royal*. Man gab eine kleine Oper, ganz nach dem gewöhnlichen Schlage, arm an Leib und Seele, das heißt: arm an Text und Musik, oder umgekehrt, wenn man lieber will. Die einzige komische Rolle, welche dem Stücke wenigstens für Franzosen einiges Leben gab, war ein vielfressender Abbé, der sich in einer Romanze beklagte, dass man der Geistlichkeit ihre Güter genommen. Dergleichen Züge nimmt das Publikum mit wiehernder Freude auf.

Der kleinen Oper folgte: *le Sourd, ou l'auberge pleine* (der Taube, oder die volle Herberge), Lustspiel in drei Akten oder vielmehr *farce*, aber eine niedliche *farce*, die auch sehr gut gespielt wurde und die auf der deutschen Bühne wohl Glück machen könnte. In einer Szene, welche in zwei Zimmern zugleich spielt, war die Bühne sehr gut eingerichtet. Der Vordergrund ein Speisesaal, im Hintergrunde führten einige Stufen seitwärts in eine Schlafkammer, deren eine Hälfte sichtbar und mit einem Fenster versehen war, welches durch den Speisesaal sein Licht erhielt. Man findet dergleichen noch hin und wieder in alten Gebäuden. Hinter diesem Fenster ging ein Teil der Handlung vor, die mit der Handlung im Vordergrund genau zusammenhing und gute Wirkung tat. Am Ende dieser Szene zog der Taube in der Kammer seine Vorhänge zu und nun war die Bühne wieder ungeteilt.

Ich lernte den Verfasser dieses noch ungedruckten Stückes, Monsieur Des Forges, kennen. Er war so gütig, mir sein Manuskript mitzuteilen und ich mache vielleicht Gebrauch davon.

Eine Menge Freudendirnen zierten abermals dieses Spektakel und waren zum Teil sehr zudringlich. Eine davon steckte meinem Gefährten ihre Adresse in die Hand, die ich zum Scherz genau kopieren will: *Mlle Adelaide, au palais royal, nro 88. par le derriere.* Wer Lust hat, sie zu suchen, der mag es tun.

Am 22.

Diesen Morgen erhielt ich einen Besuch von Madame de Rome, Übersetzerin meiner Adelheid von Wulfingen. Sie hat ihre Übersetzung den *Comediens du Theatre de Monsieur* übergeben und erwartet jetzt, ob diese Herren Tod oder Leben darüber beschließen werden. Ich für meinen Teil bin überzeugt, dass, wenn auch das Stück in seiner ursprünglichen Gestalt um einiger Szenen willen zu leben verdient, es doch, französiert wie es jetzt ist, den Tod redlich verschuldet hat.

Madam de Rome steht im Begriff, auch Menschenhass und Reue in ihre Sprache zu dolmetschen und, mit ihrer Erlaubnis, ein wenig zu verhunzen. *Une femme adultere!*, das geht nicht! *Il faut qu'elle ne soit qu'imprudente. – Bon!* – Dann sind zu viel Personen im Stück, man muss einige davon wegschneiden. Der General, der Greis und Bittermann werden nicht die Ehre haben, in dem französischen Menschenhass und Reue zu erscheinen.

Möchte auch das noch hingehn. Aber es sind ihr nicht Konfidents genug im Stücke, Madam de Rome braucht noch einen Konfident und auf wen fällt ihre Wahl? Sie macht den Monsieur Peter zum Pivot der ganzen Intrige, zum Vertrauten des Majors, zum Freunde und Kameraden des alten Franz, die nun beide vereinigt den Menschenhasser nach ihrer Pfeife tanzen lassen und den Knoten lösen. Das wird was Schönes werden! –

Die einzige wirklich überflüssige Person in meinem Drama (ich meine Lotten), die hat sie nicht weggestrichen. Wahrlich! Bei der Ehre dieser Übersetzung wird mir von Menschenhass und Reue nichts übrig bleiben als die Reue, es geschrieben zu haben. Wenn es so, wie es aus meinen Händen ging, für die französische Bühne nicht genießbar ist, ei nun, so lasse man es lieber unübersetzt.

„Es kann nicht so bleiben", sagte sie: *„les français s'éloignent encore trop de la nature."* (Die Franzosen entfernen sich noch zu sehr von der Natur.) „Ein Lobspruch für mich", dachte ich, „wenn sie sich dann zugleich vom Geiste meiner Werke entfernen."

Übrigens hat mich Madam de Rome interessiert. Sie scheint eine brave, vernünftige Frau zu sein, spricht viel und gut. Sie gehört zu der Partei, die man hier Aristokraten schilt, denn ihr Mann war ein *militaire*, Ritter des Ludwigsordens, ein Greis von sechzig Jahren, den die Unruhen der Revolution ins Grab stürzten. Fünf Tage und fünf Nächte, so erzählte sie mir, waren sie in ihren eignen Zimmern keinen Augenblick ihres Lebens sicher. Bald hatte man ihren Mann töten, bald an die Spitze einer Bande Aufrührer stellen, bald das Haus plündern und bald es anzünden wollen. Darauf hat die Nationalversammlung sie einer Pension beraubt, „und", – setzte sie mit vieler Lebhaftigkeit hinzu: „nicht einmal meines Wappens darf ich mich bedienen! Wenn ich einen Brief zusiegeln will, so muss ich den Daumen darauf drücken."

Ich vermute, dass die arme Frau sich jetzt größtenteils von Schriftstellerei nährt, obgleich ihr Äußeres sehr anständig war und auch nicht die geringste Klage oder Aufforderung fremdes Mitleids ihrem Munde entwischte. Sie versicherte, dass sie viel verdienen würde, wenn sie sich zu jenen elenden *folliculaires* gesellen wollte, die das Publikum mit Broschüren gegen den Hof überschwemmen, worin die Königin *l'execrable Antoinette* und *la miserable femme du roi* genannt wird. Auch Madam de Rome bestätigte, das seien die gelindesten Titel, die man ihr gebe und ein Wunder von Mäßigung sei es, wenn man sie bloß *la femme du roi* nenne.

Sie schenkte mir ein Heft von den *Anecdotes de Josephe second*, die sie übersetzt und von welchen kaum hundert Exemplare verkauft worden sind. Diese misslungene Spekulation schreibt sie gleichfalls dem tödlichen Hasse zu, den das Volk gegen alles hegt, was dem Hause Österreich verwandt ist.

Von ihr erfuhr ich auch, dass ein Schnupftabakshändler

in Nancy im Begriff steht, ein *theatre Allemand* herauszugeben. Wehe uns armen Deutschen!

Am meisten griff mir die Frau ans Herz, als sie von dem Verluste ihres Mannes sprach. Sie berührte da eine Saite, die bei mir sehr leicht mittönt. Und doch – wie viel glücklicher ist sie – wie viel glücklicher ihr Mann gewesen! – Beinahe ein Vierteljahrhundert lang waren sie vereinigt und erst als Matrone wurde sie zur Witwe. – Ich habe meine geliebte Friederike nur sechs Jahre lang besessen und zähle noch nicht dreißig Jahr! Alles Glück meines Lebens war zusammengepresst in diesen kurzen Zeitraum! – Aber warum so früh? Warum gab mir das Schicksal nicht die paar Tropfen Freude am Ende meiner Tage? Und da wir doch einmal Kinder sind, Spielzeuge der Natur, warum machte sie es nicht mit mir, wie Kinder mit ihren Esswaren, die sich einen Leckerbissen bis zuletzt aufheben? – Oder wie? – Werde ich vielleicht bald weggerufen werden von der Tafel, an welcher für mich kein Genuss mehr ist? Musste sie nur vorangehen, um mich, der schon lange an der Pforte stand, draußen zu empfangen? Um mir es leicht zu machen, die Tür auf ewig hinter mir zuzuschlagen und nicht zu hören, wenn meine Kinder mir nachrufen! –

Siehe da! – Wie mich alles auf diesen Punkt führt! –

Zurück nach Paris! Wo jedermann genießt und niemand fühlt, wo jedermann teilnimmt und niemand sich mitteilt.

Der Morgen war sehr schön, wir fuhren ein wenig spazieren durch die gewühlvolle Straße St. Honoré, auf den Platz de Louis XV. Von da gingen wir zu Fuße in die Tuilerien. Wir fanden viele Spaziergänger, die Sonne schien freundlich. An der Mauer linker Hand hatten sich eine Menge Menschen gelagert, besonders Weiber mit kleinen Kindern, die in den matten Winterstrahlen sich wärmten. Der Anblick war so ruhig, so lieblich. Ich dachte an den Prinzen Lambesc, der auf dem nämlichen Platze die bekannten Grausamkeiten verübte. Der Gedanke kontrastierte so mit der freundlichen Gruppe, die ich vor mir sah und der Kontrast tat der Letztern keinen Schaden.

Ich habe einmal gelesen, ich weiß nicht mehr wo, von einer kleinen ländlichen Hütte und von dem Eindruck, den sie auf einen Reisenden machte, der sie unvermutet zwischen prächtigen Ruinen fand, die ein Erdbeben übereinander hergewälzt hatte. Ich stelle mir vor, er hat empfunden, was ich in den Tuilerien empfand.

Wir gingen auch auf einen Augenblick in den innern Hof des Palastes. Überall fanden wir Schweizer und Nationalgarde friedlich nebeneinander die Wache halten; aber sie sahen sich denn doch, wie mich dünkte, so scheel an wie ein guter und böser Engel, die auf die Abfahrt einer Seele warten.

Am Ufer der schmutzigen Seine nahmen wir wieder einen Wagen und fuhren auf den Pont Neuf, um Heinrich IV. zu huldigen. – Guter König! – auf seinem Gesichte liest man den guten Menschen. Eines gilt wohl so viel als das andre.

Von da fuhren wir in das sogenannte Palais, wo die Urteile publiziert werden. Wir fanden den Hof voll Garde zu Pferd und unser Fiaker sagte uns sehr witzig: *„On donnera à un pauvre diable à dejeuner et à diner."* (Man wird hier einem armen Teufel Frühstück und Mittagsbrot geben.)

Das sollte heißen: man spricht eben jetzt einem armen Verbrecher sein Urteil und wird ihn nachher hängen. Ich schauderte. Auch unser Lohnlakai sprach so gleichgültig von einer Exekution wie von den Sprüngen eines Seiltänzers.

Wir stiegen die große Treppe hinauf. Ich habe im Palais weiter nichts gesehen, als was man im jüdischen Tempel sah, ehe Christus ihn ausfegte, nämlich Käufer und Verkäufer, beinahe in ebenso großer Menge als im Palais royal.

Am Ende einer winkligten Gallerie fanden wir endlich den Gerichtssaal, wo jetzt eben die Sentenz dem armen Sünder vorgelesen wurde. Aber es war so voll und so warm und das Ganze machte mir eine so widrige, ängstliche Empfindung, dass ich sogleich wieder umkehrte. Den Verbrecher habe ich gar nicht gesehn und von den Richtern nur ihre spanischen Hüte.

Von da führte uns der Fiaker über den Platz la Greve, wo bereits die Blutbühne errichtet war, ein Rad und eine Leiter in Bereitschaft lagen und eine Menge Volks sich herzudrängte. Wie froh war ich, als wir den Platz mit seinem berühmten Reverbere im Rücken hatten. Wenn man mir auf diesem Platze den prächtigsten Palast schenken wollte, mit der Bedingung, ihn zu bewohnen, so würde ich mich für das Geschenk bedanken.

Abends waren wir im *Theatre italien*. Ein schöner Saal, bequeme Plätze, schlechte Dekorationen, gute Sänger, mittelmäßige Schauspieler. Man gab *la fausse magie* und Sargines. Das Erste ist ein albernes, unleidliches Ding mit einer ungesalzenen Musik von Gretry. Das Letztere ist auch in Deutschland bekannt, es ist unterhaltend und die Musik recht artig. Aber der Vater des Sargines sah aus wie ein Perückenmacher und seine *belle Cousine* wie eine H–.

Da in der Rolle des Sargines hin und wieder tragische Stellen vorkommen, so bekamen wir hier schon ein Pröbchen von der Art der Franzosen, sich dabei zu benehmen. Es war ein so schreckliches Hauen, Fechten, die Luft Säbeln, Blöken und ein über alles unausstehliches Atemaufziehen, welches nur die höchste Leidenschaft und auch dann nur auf Augenblicke lang sich erlauben darf.

Lieber Gott! Welch ein sonderbares Ding ist es doch um den Geschmack! Ich lachte bei allen solchen Stellen und die Franzosen weinten und klatschten und schrien

Bravo! – Was ist denn das? Die Franzosen sind ja doch gescheite Leute und ich glaube doch auch keinen schlechten Geschmack zu besitzen; woran liegt es denn, dass wir hier so himmelweit auseinander sind? – Ich liebe die Natur und die Franzosen die Kunst. Aber wie ist es denn möglich, dass sie mit ihren reizbaren Herzen die Natur nicht auch lieben? Und wie ist es möglich, dass sie eine Kunst lieben, welche nicht die Natur nachahmt? Ich glaubte sonst immer, die Kunst sei nur liebenswürdig, insofern sie die Natur erreiche. – Ich bin nicht in der Stimmung, Abhandlungen zu schreiben. Erklären kann ich es nicht, genug es ist so. Ich werde nächstens das *Theatre de la nation* besuchen, um ein Trauerspiel zu sehn und mich recht satt zu lachen.

Wahr ist es, dass vor einem französischen Publikum keine Sentenz, kein Tugendspruch, keine edel ausgedrückte Empfindung verloren geht. Dergleichen ist hier immer ein Funke, der den schallendsten Beifall wie Pulver in die Höhe lodern macht. Aber wenn ich dann in einem solchen Augenblicke an den Menschen dachte, der Todesurteil und Hinrichtung eines armen Verbrechers mit Frühstück und Mittagessen verglich, so konnte ich doch das Volk nicht lieben, das ein Wort erschüttert und eine Tat kalt lässt.

Im Sargines sind auch viele Stellen, die im jetzigen Augenblicke große Wirkung auf die Zuschauer machten und ihre Sinnesart offenbarten. Zum Beispiel: „*Il faut vaincre ou mourir pour son roi!*" (für den König siegen oder sterben!) Wenn man nach dem lauten Beifall urteilen dürfte, mit welchem diese Stelle aufgenommen wurde, so sollte man glauben, jeder Pariser brenne für Begierde für den nämlichen König zu sterben, welchen er einen *pauvre homme* nennt.

Unter den Aktricen war ein allerliebstes Geschöpf, Rose Renaud genannt, von kaum sechzehn oder siebzehn Jahren, mit einem so sanften, unschuldvollen Gesichte, dass ich mich nicht enthalten konnte, meinen Nachbar zu fragen: ob das Gesicht dieses Mädchens nicht lüge? Ob sie wohl noch wirklich unschuldig sei? Er versicherte es mir und ich glaubte ihm gern, so unwahrscheinlich es auch klingt. Außer ihren schuldlosen Zügen gab auch ihr Anstand auf der Bühne meinem Glauben noch mehr Gewicht. Sie war außerordentlich furchtsam, bescheiden und nur nach vielem Applaudieren des Publikums, dessen Liebling sie zu sein scheint, verlor ihre Stimme nach und nach das Zittern, mit welchem sie anhub. Ich denke, diese Furchtsamkeit kann keiner verworfenen Dirne eigen sein. Und so sende ich noch in diesem Augenblicke von ganzem Herzen ein Stoßgebet für ihre Tugend gen Himmel! Ist es auf einer französischen Bühne möglich, so gehe der Kelch der Wollust vor ihr vorüber! – Ihr Gesang griff unwiderstehlich ans Herz, ihre Stimme war so biegsam, so sanft sich anschmiegend, so frei von aller Anstrengung; aber als Schauspielerin war sie noch wenig oder nichts.

Auch mein Gefährte ist ganz von ihr bezaubert. Als wir diesen Abend schon im Bett lagen und ich meine ewige Schlaflosigkeit durch eine alte französische Komödie zu überlisten suchte, sprang er plötzlich auf und brachte ein Quatrain auf Mamsell Rose Renaud zu Papiere, das er soeben geboren hatte.

Am 23.

Diesen Morgen ward das junge, neugeborene Quatrain an Mlle. Rose wirklich abgeschickt. Sie hat es mit einem Lächeln aufgenommen und ich – habe den Kopf geschüttelt. Es war vielleicht ein Wölkchen mehr zu dem Weihrauchdampfe, der einst ihre Tugend umnebeln oder gar ersticken wird.

Eben hat mir der Schneider ein Kleid gebracht. Er setzte mir nichts dir nichts seinen Hut in der Stube auf, unterhielt sich mit mir in guter Kameradschaft und die Kokarde auf seinem Hute rief laut dazwischen: *„Nous sommes tous égaux!"*

Abends besuchten wir die *Variétés amusantes.* Der schönste Schauspielsaal, den ich jemals gesehn habe. Alles darin atmet Geschmack und Zierlichkeit. Die Schauspieler hingegen blieben unter meiner Erwartung. Man gab *les deux Figaros,* ein niedliches, intrigenvolles Stück, dessen Verfasser Mitglied der Bühne zu Bourdeaux ist. Es enthält eigentlich eine Kritik von Beaumarchais' Figaro, welchem man vorwirft, dass er mit all seinem Witz doch nur dumme Teufel zu übertölpeln verstehe, wie den Grafen Almaviva und den Doktor Bartholo. In diesem Stücke hingegen wird Figaro selbst, trotz seiner Pfiffigkeit, von dem andern Figaro, welches der verkleidete Cherubin ist, alle Augenblick überlistet. – Zum Beschluss *l'enrôlement supposé,* eine abgenutzte Idee ohne Saft und Kraft.

Da dieses Spektakel schon um halb 9 Uhr geendigt und es noch zu früh war, um sich in das Zimmer zu sperren, so ging ich mit meinem Reisegefährten Arm in Arm unter den stark erleuchteten Arkaden des Palais royal spazieren. Auf dem großen Platze in den Alleen vertrat der Vollmond die Stelle der Lampen. Alles wimmelte, Ausrufer blökten, Waren schimmerten, Politiker schwatzten, junge Herren liebäugelten, Freudenmädchen zupften.

Die Unverschämtheit der Letzteren lernte ich an diesem Abend erst recht kennen. Sie waren heute alle außerordentlich geputzt, man hätte die Geringste unter ihnen für eine Dame genommen. Zwei junge hübsche Dinger, welche Arm in Arm gingen, verfolgten uns unaufhörlich und schlugen uns eine *partie quarée* vor. Um sie loszuwerden, sagte ich der einen, ihre Gefährtin sei nicht hübsch genug.

„Mais", sagte sie, „*elle est très bien composée.*" Während dieses Gesprächs drängte sich eine Dritte zwischen uns und raunte mir sehr schnell ins Ohr: „*Voulez vous venir me voir?*"

Das nahmen die andern beiden, die schon lange Jagd auf uns gemacht hatten, sehr übel. „*Comment Madame!*", sagte die eine zu der neu Hinzugekommenen, „*vous nous enlevez nos hommes?*"

Um ihrem Streite die Realität zu benehmen, ließen wir sie alle drei stehen und verschwanden im Gedränge.

Eine Vierte hatte uns vermutlich Deutsch reden hören und drängte sich nun beständig an uns heran, indem sie das Wort Deutsch! Deutsch! mit einem sehr komischen Akzent aussprach, welches sie irgendwo aufgeschnappt haben mochte.

Eine Fünfte endlich, welche mein Gefährte im Schauspiel hatte kennenlernen, ein niedliches kleines Ding von kaum sechzehn Jahren, drollig und lebhaft, lud uns mit so ausgelassener Lustigkeit zum Souper ein (versteht sich, auf unsere Kosten), dass wir uns entschlossen, mit ihr zu gehn, um doch einmal zu sehn, wie es bei einem solchen Mädchen aussehe und auf welchem Fuß sie lebe. Weil unserer Zwei waren, so wollte sie geschwind noch eine Gespielin holen, das verbaten wir uns aber, denn für den unschuldigen Zeitvertreib, den wir bei ihr suchten, war sie uns genug.

Sie führte uns eine Treppe hoch im Palais royal, wo sie einige niedliche Zimmer bewohnte. Hier wäre aber beinahe um unseretwillen ein neuer Krieg ausgebrochen. Es traf sich nämlich unglücklicherweise, dass Demoisell Adelaide, welche neulich meinem Gefährten die erwähnte Adresse gegeben, ihre nächste Nachbarin war, dass sie von unserm Besuche Wind bekam und behauptete, wir hätten zu ihr kommen wollen, die Kleine aber habe uns weggefischt. Wenigstens schien sie fest entschlossen zu sein, an dem Souper teilzunehmen, wir aber hatten das Gegenteil fest beschlossen und Adelaide ließ uns brummend allein.

Die *femme de Chambre* oder *la bonne* brachte den Speisezettel des Restaurateurs, wir ließen die Kleine selbst wählen und sie war bescheiden genug, nicht mehr als vier Schüsseln, ein Apfelkompott und gewöhnlichen Wein zu bestellen.

Als wir so vor dem Kamine saßen, konnte ich mich nicht enthalten, einen Blick auf meine Lage zu werfen. Ich einem Freudenmädchen gegenüber! Einem hübschen, närrischen Mädchen, das um uns her gaukelte und durch jede ihrer Bewegungen Begierden zu wecken suchte – und ich ihr gegenüber mit dieser Ruhe, diesem völligen Schweigen des leisesten Begehrens, ja, ich darf sagen, mit dieser Langeweile. – Ach! Wer so geliebt hat wie ich, der darf sich kühn unter Lais und Phrynen wagen. Ein Gedanke an meine Friederike – O, wie klein und albern, wie ekelhaft und langweilig kam mir alles rings umher vor. Ein Gedanke an dich! Vielleicht hat dein Geist mich umschwebt! Wohl mir! Ich darf deine Gegenwart nie scheuen, selbst nicht bei einem Freudenmädchen.

Ja, es ist sonderbar, aber ich bekenne es gern, dass meine Begriffe von ehelicher Treue jetzt noch weit schwärmerischer sind als vormals. Den Reizen eines schönen Weibes zu widerstehen, wenn sie es darauf angelegt hätte, mich zu fangen, würde mir manchen Kampf gekostet haben, vielleicht manchen vergeblichen Kampf – aber jetzt – ich biete der Venus Trotz, mich dem Andenken meiner Friederike untreu zu machen! Der Tod zerriss unsere Ehe, ich bin jetzt wieder ihr Liebhaber, derselbe romantische Schwung meiner Ideen, dasselbe geistige An-ihr-Hängen, das jeden Blick auf einen andern Gegenstand als Verbrechen anrechnet, mit einem Worte: das ganze Feuer meiner ersten Liebe, das mich vor sechs Jahren oft so glücklich und oft so närrisch machte. O, ich kann das nicht beschreiben, wie mir zumute ist; aber meine Empfindungen sind wahrlich edel! Und so verachte ich den, der vielleicht den Mund spöttisch verzieht, wenn er liest, dass ich bei einem Freudenmädchen war. Er an meiner Stelle wäre vermutlich nicht so reines Herzens da gewesen wie ich und hätte es folglich auch nicht so ehrlich bekennen dürfen.

Das kleine Ding erzählte uns ihre Geschichte, wahr oder falsch, das lasse ich dahingestellt sein. Ein alter Narr hatte sie ihren Eltern in Versailles entführt, in Paris unterhalten und eingesperrt, ihr aber sonst keinen Schaden getan. Dieses Lebens müde war sie ihm entflohen und lebte nun als Madam de Vincennes auf ihre eigne Hand, wenn man das so nennen kann, gestand, dass sie oft nicht einen Sous in der Tasche habe, dass sie ihrer Bonne immer schuldig sei, dass sie bis Nachmittag im Bett liege, im Bett frühstücke, im Bette zu Mittag esse und zur Veränderung Burzelbäume schlage, dann sich ankleide, einen *petit ecu* ihrer Bonne abschwatze, um irgendein Spektakel zu besuchen und abends unter den Arkaden auf die Jagd gehe. Das ist die gewöhnliche Lebensordnung eines solchen Geschöpfs. Das arme kleine Ding schien von Natur ein herzensgutes Mädchen zu sein. Sie warnte uns vor dem Umgang mit den Geschöpfen im Palais royal und gestand selbst ein, dass auch nicht eine Einzige unter ihnen ganz gesund sei.

Das Souper kam. Madame de Vincennes aß mit vielem Appetit. Sie hatte vielleicht lange nicht ordentlich gegessen. Bald nachher legten wir ihr ein kleines Geschenk auf den Kamin und gingen. Es reut mich nicht, da gewesen zu sein, weil mir das alles so neu war; zum zweiten Male aber möchte ich meine Zeit nicht so verschwenden.

Übrigens dünkt es mich unwidersprechlich, dass der Umgang mit dem andern Geschlecht für den gesitteten

Mann jeden Reiz verliert, wenn er gar keinen Widerstand, nicht einmal den Widerstand der Koketterie findet. Die Mädchen im Palais royal könnten, was diesen Punkt betrifft, sogar von den Hunden lernen.

Am 24.

Diesen Morgen erhielten wir einen Besuch von dem Abbé de R–, der nämliche höfliche Unbekannte, der uns neulich Billets für die Entree der Nationalversammlung versprochen hatte. Der Mensch konnte gewaltig viel fragen. In Frankreich war er ziemlich zu Hause, aber in allem, was außer Frankreich liegt, war der egoistische Franzose jämmerlich unwissend. Frankreich war ihm der Mittelpunkt der Welt und Paris der Mittelpunkt des Himmelreichs. Russland war ihm unbekannter, als mir das Reich des Priesters Johann. Er glaubte, Liefland gehöre zu Polen; glaubte, man reise in Russland im Winter mit einer Boussole, um sich durch den Schnee zu finden, weil er vermutlich voraussetzte, die Dörfer seien bis über die Schornsteine zugeschneit und man binde dort, wie Münchhausen, die Pferde an die hervorragenden Kirchturmspitze.

Als ich gegen Mittag in Cussacs Buchladen ein wenig herumblätterte, trat ein alter, mehr als achtzigjähriger Mann herein, dem zwar seine Füße nicht mehr die besten Dienste leisteten, der aber auf seinem Gesichte unverkennbare Spuren froher Laune trug. Cussac freute sich, ihn noch so munter zu sehen.

„O!", sagte er, „das kommt daher, *que j'ai eu dans ma vie beaucoup de regrets, mais jamais de remords.*" (Ich habe viel Kummer in meinem Leben gehabt, aber nie Gewissensbisse.)

Der Mann gefiel mir. Ich hörte, er sei Monsieur de la Place, Verfasser, oder vielmehr Übersetzer, einer großen Sammlung von Romanen und mancher anderer Schriften.

Freilich gebührt ihm auch wohl der Titel Verfasser, wenn es wahr ist, was mir Cussac sagte, er habe nämlich den Tom Jones zum Beispiel so sehr verbessert, dass man ihn wieder aus dem Französischen ins Englische übersetzt habe. – Ich lächelte. –

Nach einer Viertelstunde ungefähr wollte Mr. de la Place gehen, kehrte aber, als er schon die Tür in der Hand hatte, plötzlich wieder um, als ob ihn ein Einfall überrasche. *„Tenez"*, sagte er, *„je m'en vais Vous dicter un impromptu."*[21] Und siehe da, er brachte folgenden politischen Quatrain zu Markte, welchen ich mir abschrieb, als er fort war.

> *Pour que de deux partis les noms mieux entendus,*
> *Dans l'état divisé peuvent moins troubler l'ordre,*
> *Les e n r a g é s sont ceux qui furent trop mordus,*
> *Et les e n t a g e a n s ceux qui voudroient encore mordre*[22].

Enragés und *Enrageans* sind bekanntlich die Sobriquets der beiden herrschenden Parteien.

Die heutigen *petites affiches* enthalten ein paar merkwürdige Artikel. Ehe ich meine Gedanken über den Ersten äußere, will ich ihn von Wort zu Wort hierher setzen:

---

21 Ich will Ihnen ein Imromptu in die Feder sagen.

22 Dass nicht Missverstand über Benennungen beider Parteien den getrennten Staat länger beunruhige. Die W ü t e n d e n sind die, welche brav gebissen worden und die W ü t i g e n die, welche noch beißen wollen. – Ich überlasse gern einem jeden, anders und besser zu übersetzen, wenn ihm meine Übersetzung nicht treu scheint.

> *„Un jeune homme de 30 ans, bien né, reduit par les Circonstances à se retirer dans une très jolie habitation, à une lieue d'une ville agreable, et 20 de Paris, où il jouit de 100 Louis de rente, voudroit trouver une personne, d'une education soignée, et d'une fortune à peu près à moitié de la sienne, qui voulut passer ses jours avec lui, **non pour le mariage, mais pour la Société,** etc."*[23]

Er schließt mit der Bitte, die Antwort in den *Mercure de France* einrücken zu lassen.

Sind das die Begriffe der Franzosen von der Ehe? Oder sind es nur die Launen eines einzelnen Menschen? Ist das Erstere, so verabscheue ich dies sittenlose Volk; ist das Letztere, so bedaure ich den armen jungen Mann! Und ist er wirklich ein Mensch von Kopf und Herz, findet er wirklich ein gutes sanftes Geschöpf, das seine Tage ohne alle Bedingung mit ihm verleben will; so prophezeie ich ihm, dass sie in Jahr und Tag sein Weib sein wird. Er darf nur damit anfangen, sie gern um sich zu sehn; sie darf ihn nur einige Mal wahren Anteil an seinem Schicksale merken lassen, nach und nach wird er sich an sie gewöhnen, nach und nach wird sie ihm unentbehrlich werden, nach und nach wird er sie lieben und endlich wird er sich in sie verlieben. Der Genuss? – O, Possen! Der Genuss ist gar nichts! Er erweckt keine Liebe und vermindert keine Liebe. Wer nach dem Genuss zu lieben aufhört, der muss gar nicht sagen,

---

23   Ein junger Mann von 30 Jahren, guter Geburt, durch Umstände genötigt, sich in eine kleine, niedliche Wohnung zurückzuziehen, eine Meile von einer angenehmen Stadt und 20 Meilen von Paris gelegen, wo er eine Rente von 100 Louis verzehrt, wünschte, eine Person zu finden von guter Erziehung und einem Vermögen ungefähr halb so groß wie das seinige, welche ihre Tage mit ihm verleben wollte, nicht als Gattin, sondern als Gesellschafterin etc.

dass er geliebt habe. Liebe ist die eigentliche Nahrung auf Hymens Tafel; Der Genuss in der Ehe ist nur ein Glas Wein oder ein Backwerk, das man auch leicht entbehren kann.

Im Ganzen mag dieser Zeitungsartikel beweisen, welch eine unbegrenzte Lizenz hier herrscht und was man hier alles laut sagen darf. Zufälligerweise stand noch ein ähnlicher Artikel in der nämlichen Affiche, doch mit dem Unterschiede, dass der Mann, welcher eine junge, wohlerzogene Person als Gesellschafterin und Haushälterin zu besitzen wünschte, sich als *très agé* (sehr betagt) angab und das ist denn doch ein Schleier, er sei so dünn er wolle.

Der zweite Artikel, den ich nicht umhin kann, meinen Lesern mitzuteilen, enthält eine sehr rührende Anekdote. Das jetzige Freiheitsfieber hat unter andern die Wirkung hervorgebracht, dass man auf den französischen Bühnen und vorzüglich auf dem *Theatre de la nation* (vormals *Theatre français*) nichts zu sehen wünscht als Trauerspiele, die einigen Bezug auf die Revolution haben, Tyrannei oder Fanatismus mit gehässigen Farben darstellen. So gibt man jetzt unzählige Mal Brutus, Guillaume Tell, *la Mort de Cesar, Rome Sauvée* und Jean Calas. Die tragische Geschichte des Letztern ist sogar seit Kurzem wieder von verschiedenen Verfassern bearbeitet worden. Bei dieser Gelegenheit erzählen die öffentlichen Blätter heute folgende Anekdote:

„Alle Bühnen wiederhallen von dem Namen Jean Calas, und man vergißt, welche schmerzliche Wunden man dadurch wieder aufreißt. Madame Calas, die arme alte Wittwe, lebt noch. Sie wohnt, nebst ihren beiden Töchtern, seit funfzehn Jahren in Paris, in der Straße poissonnière. Sie hat seit dem Tode ihres Gatten die Trauer nicht abgelegt, und die Uhr, welche an seinem

Todestage stehen blieb, nicht wieder aufgezogen. So oft auf den Straßen ein Todes-Urtheil verkündigt wird, eilt die Magd schnell die Treppe herab, um die Ausrufer zu bitten, dieses Haus und diese Gegend still vorüber zu gehn, weil jeder solcher Ausruf ihrer armen Frau eine Ohnmacht zuzieht."

Diese Anekdote hat mich unbeschreiblich gerührt. Ich mag der Ausführung des Trauerspiels Jean Calas nicht beiwohnen. Es kann unmöglich den Eindruck erhöhen, welchen der einzige Zug auf mich gemacht hat: „Sie zog die Uhr nicht wieder auf, welche am Todestage ihres Mannes abgelaufen war."

Wir besuchten diesen Abend das *Theatre de la nation*. Ein schön gebauter Saal. Man gab Brutus und *le reveil d'Epimenide à Paris* (Epimenidens Erwachen in Paris). Ich fuhr mit Widerwillen hin und völlig befriedigt wieder hinweg. Nicht, als hätten die Schauspieler weniger gesäbelt und gehauen und geschluchzt, als ich mir vorstellte; sondern weil ich vielleicht nie wieder Gelegenheit haben werde, die Empfindungen einer ganzen Nation so zwanglos ausbrechen zu sehn und weil ich nie wieder, auf irgendeiner Bühne, etwas so Kühnes zu hören hoffen darf. Das Letztere gilt eigentlich nur vom Nachspiel, denn viele Stellen im Brutus wurden nur auffallend durch die Anwendung, welche man davon machte. Folgende Stellen wurden mit einer Ausgelassenheit beklatscht, die nahe an Wahnsinn grenzte:

> *Destructeurs des tyrans, Vous, qui n'avez pour rois,*
> *Que les Dieux de Numa, Vos vertus et nos loix!*

(Tyrannenbändiger! Ihr, die ihr keine Könige habt, als Numas Götter, eure Tugenden und unsere Gesetze.)

Nous avons fait, en lui rendant hommage,
Serment d'obéissance, et non point d'esclavage.

(Wir leisteten, als wir ihm huldigten, den Schwur des Gehorsams und nicht der Sklaverei.)

Sous un Sceptre de fer ce peuple abattu,
à force de malheurs a repris sa vertu.

(Dies Volk, das unter den eisernen Zepter sich beugte, fand im Übermaß des Elends seine Tugend wieder.)

– – je porte en mon Coeur
La liberté gravée et les rois en horreur!

(Ich trage in meinem Herzen: Freiheit und Abscheu für Könige.)

Sois toujours un héros! sois plus, sois citoyen!

(Sei immer Held! Sei mehr, sei Bürger!)

Arrêter un Romain sur des simples soupçons,
C'est agir en tyrans! –

(Einen Römer verhaften, den nur der Argwohn anklagt, heißt, als Tyrann handeln.)

Dieux! donnez nous la mort plûtot que l'esclavage!

(Götter! lieber Tod als Sklaverei!)

Über ein paar andere Stellen hingegen wäre beinahe Tumult ausgebrochen. Hier sind sie:

> *Quel homme est sans erreur, et quel roi sans foiblesse?*
> *Est ce à Vous de pretendre au droit de le punir?*
> *Vous, nés tous ses sujets, Vous, faits pour obéir.*
> *Un fils ne s'arme point contre un coupable pere,*
> *Il detourne les yeux, le plaint et le revere.*
> *Les droits des Souverains sont ils moins précieux?*
> *Nous sommes leurs enfans, leurs juges sont les Dieux.*

(Wo ist ein Mann ohne Fehler, oder ein König ohne Schwachheit? Dürft ihr Anspruch machen auf das Recht, ihn zu strafen? Ihr, alle seine geborenen Untertanen, ihr, geschaffen, um zu gehorchen! – Der Sohn waffnet sich nicht gegen den schuldigen Vater, er wendet den Blick weg, beklagt und verehrt ihn. Sind die Rechte der Fürsten minder heilig? Wir sind ihre Kinder, ihre Richter die Götter!)

Kaum ließ man den Schauspieler diese Stelle vollenden. Und nun noch eine andere, die das Pulver völlig in Flammen setzte:

> *Rome a changé de fers et sous le joug des grands,*
> *Pour un roi qu'elle avoit a trouvé cent tyrans.*

(Rom hat seine Fesseln vertauscht und unter dem Joche der Großen fand es statt eines Königs hundert Tyrannen.)

Bei diesen Worten wagte es irgendein Verwegener, königisch Gesinnter, in den Logen des zweiten Ranges zu klatschen. Das ganze Parterre geriet in Bewegung, ein jeder erhob sich von seinem Platze, hier zischte einer, dort schimpfte einer: *„Ah que cela est bête!"* (Ach! Wie dumm das ist!), hier eine drohende Gruppe, dort ein Getöse von Schreien, Pochen und Stampfen. Alle Blicke flogen nach der Gegend, wo geklatscht worden war. Die Schauspieler schwiegen und warteten ab, was erfolgen werde. Aber nach und nach legten sich die stürmischen Wogen, denn wer war es gewesen? Wer mochte den einzelnen Schuldigen ausfindig machen? Denn dass nur ein Klatschender in den Logen war, das hatte man deutlich unterscheiden können. Bei alledem war dieser Eine ein unbesonnener Mensch, seine Tat war nicht Kühnheit, sondern Dummdreistigkeit. Was half es ihm, die Menge zu reizen? Hätte einer seiner Nachbarn ihn verraten, so wäre er ohne Gnade an den Laternenpfahl gehängt worden und sein Eifer hätte den Schattenkönig der Franzosen nicht um einen Schritt vorwärtsgebracht.

Nach dieser Probe, welche das Parterre von seiner republikanischen Eifersucht abgelegt hatte, wagte es niemand mehr, sein Miss- oder Wohlbehagen an dieser oder jener Stelle zu erkennen zu geben, wenn sie nicht ganz orthodox demokratisch war. Aber eine verdammte Intoleranz blieb es denn doch immer von dem Parterre, den Logen das durch bares Geld erkaufte Recht streitig zu machen, ihr Wohlgefallen an den Tag zu legen, wann und wo es ihnen beliebte, indessen die Herren unten die entfernteste Anspielung bei den Haaren herbeizogen, sich die Hände wund klatschten und den Hals heiser riefen.

Lächerlich ist es mir gewesen, wie die armen, kleinen Franzosen alles, was die großen Römer sagten und taten, auf sich anwandten. Ein jeder Soldat von der Nationalgarde glaubte aufs Wenigste ein Titus zu sein und sah in jedem *député à l'assemblée nationale* einen Brutus. Bei den Worten:

Sois toujours un héros, sois plus, sois Citoyen!

(Sei immer Held! Sei mehr, sei Bürger!) klopfte jedem Schneider das Herz im Busen hoch auf! Es war ihnen so behaglich zu hören, dass es so leicht sei, mehr als Held zu sein.

Genug vom Brutus! Nur noch eine Bemerkung über die Vorstellung des Stücks. Sie war ganz französisch. Brutus schrie, ohne alle Übertreibung, so, dass mir die Ohren wehtaten. Titus hatte viel Empfehlendes, ein angenehmes und doch männliches Organ, auch rührte er mich in manchen Stellen, der Ausdruck des Edlen, Großen gelang ihm gut; aber Leidenschaft ward auch bei ihm sogleich Karrikatur. Der guten Tullia sah man es an, dass sie des geilen Tarquins Schwester sei und der Gesandte des Porsenna hatte einmal wieder die verdammte Perückenmacher-Physiognomie und die ganze Perückenmacher-Grazie, die so vielen französischen Schauspielern eigen ist und so drollig mit dem stolzbefiederten Helm kontrastiert.

Das Kostüm war mit Einsicht und Geschmack beobachtet. Doch gilt das nur von den Hauptpersonen. Die Toga des Brutus mit den Purpurstreifen war ganz römisch, so sein Haar, sein Bart, die Bekleidung seiner Füße und nur die stumpfe Nase erinnerte an *Monsieur tel et tel*. Valerius Publicola verband mit ebenso altrömischer Kleidung ein so echt altrömisches Gesicht, ganz wie man es auf den Gemmen sieht, dass er mich auf einige Augenblicke sehr angenehm getäuscht hat. So auch die meisten Übrigen. Wie aber die Statisten? Die römischen Senatoren, die Liktoren etc.? Ist es nicht kindisch albern, so viel auf die Vorstellung eines guten Stücks zu wenden und dann bei einer Kleinigkeit zu knausern? Als der Vorhang hinaufrollte und der römische Senat da vor mir in voller Versammlung saß, als mein Auge zuerst auf Brutus und Publicola fiel und die Worte des Erstern in meine Ohren tönten: „*Destructeurs des tyrans! etc.*", da besah ich mir die Herren Tyrannenbändiger rings umher ein wenig und siehe da, ich fand, dass sie zwar alle mit einer Toga versehen waren, in welche sie sich beständig mit den Armen verwickelten, dass sie aber übrigens mit wohlfrisierten Locken, weißen baumwollenen Strümpfen und roten Pantoffeln einhertraten. Weg war meine Täuschung! Ich dachte an das berühmte Gemälde, wo Dido sich auf den Scheiterhaufen setzt und einer ihrer Hofleute in spanischer Tracht zuschaut.

Ich komme nun zu dem Nachspiel: Epimenidens Erwachen in Paris. Eine kurze Erzählung dieses Stücks wird den Leser nicht unangenehm unterhalten. Doch werde ich nur die auffallendsten Stellen herausheben.

Der Schauplatz ist in den Spaziergängen der Tuilerien. Arist erzählt seiner Tochter Josephine, dass Epimenide immer, nachdem er einige Zeit gelebt, 100 Jahr schlafe und sodann zum neuen Leben erwache. Auf diese Weise habe er allen Staatsveränderungen in Griechenland und Rom beigewohnt und sei, besonders in Frankreich, oft Zeuge gewesen:

> *„wie der Monarch und die Großen, zügel- und schrankenlos, die höchste Gewalt hin und her gezerrt; wie Ludwig XIV. sein Volk zum Sclaven seines Ruhms gemacht, für diesen alles, für jenes nichts gethan, und bewundert worden sei von Geschöpfen, deren Elend sein Werk war."*

Dieser Epimenide werde heute erwachen und finden:

> *„weniger Prunk und mehr Wahrheit, die Albernheit und Eitelkeit in Trauer, und das Volk endlich auch für etwas gerechnet."* (Compté pour quelque chose.)

E p i m e n i d e erscheint und drückt seine Freude aus, den Garten wiederzusehn, den le Nôtre für den großen Ludwig pflanzte. Schade sei es, dass jener Monarch das traurige Schloss von Versailles diesem lachenden Aufenthalte vorgezogen.

A r i s t antwortet ihm, dass einer von Ludwigs des Großen Nachkommen, Frankreichs Abgott, gekommen sei, unter seinem Volke zu wohnen, dass seine Gegenwart Ruhe und Glück herbeigeführt habe, dass keine fremde Garde ihn umringe usw.

Diese ganze Stelle machte das Jauchzen des Publikums beinahe unhörbar. Alles schrie *„bis! bis!"* und der Schauspieler musste sie wiederholen.

E p i m e n i d e frägt: ob man alle Missbräuche abgeschafft habe?

A r i s t antwortet stockend und mit Achselzucken: Viele.

E p i m . Die Hofleute haben also jetzt ein anderes System? Täuschest du mich nicht?

Hier rief das ganze Parterre *„Non! non! non!"*

A r i s t . Ein weiser Monarch frägt nicht seine Höflinge um Rat

E p i m . Die Parlamenter also?

A r i s t . Ebenso wenig.

E p i m . Wen denn?

A r i s t . Alle Biedermänner sind seine Räte. Jede Provinz schickt die ihrigen an den Hof. Alles kann nicht in einem Tage vollendet werden. Manche haben jämmerliche Rollen gespielt, aber es ist vorbei! Der Himmel beginnt heiter zu werden, wer wird nun noch an den Sturm denken. Jetzt geht alles gut, das freie Volk liebt seinen König, gehorcht ihm, und der Monarch den Gesetzen. (Lauter Beifall!)

In der siebenten Szene wundert sich Epimenide, dass der Zeitungsschreiber Gorgi sich erlauben dürfe, falsche Nachrichten auszustreuen und äußert seine Besorgnis vor der Bastille. Wie groß ist sein Erstaunen, als man ihm sagt, die Bastille existiere nicht mehr, „Wie!", ruft er, „jene Veste, gegen welche der große Condé drei Monate lang vergebens focht?"

J o s e p h i n e antwortet ihm ganz schnippisch: Man ist in unsern Tagen geschickter, man braucht nur eine, oder ein paar Stunden dazu. Einige brave Bürger, so erzählt d'Harcourt, nahmen die Mühe über sich, die Stadt davon zu befreien, und jene Mauern zu zerstören, welche der Rachsucht der Tyrannen, dem Argwohn der Minister und den Launen der Mätressen fröhnten.

Die achte Szene ist drollig. Madame Brochure verkauft allerlei fliegende Blätter, keinen einzigen Chanson mehr, nichts als Politik. Epimenide frägt nach den berühmten Dichtern seiner Zeit. Moliere? –

M a d a m e B r o c h u r e . Seine Epoche ist vorüber.

E p i m . Wie! Man hört seine vortrefflichen Verse nicht mehr?

M . B r o c h . Zuweilen noch im Schauspiel, das sind aber nur magere Tage.

E p i m . Aber Corneille –

M . B r o c h . „Gott bewahre!"

E p i m . Racine –

M . B r o c h . Man liest keine Verse mehr. Jedes Jahrhundert hat seine eigne Torheit. Zehn Jahre lang spukte die Enzyklopädie in den Köpfen –

J o s e p h i n e . Darauf folgte die Chemie und endlich erschien am Hofe mehr als ein Ökonomist, aber kein Ökonom. Nun ist die Politik an der Reihe, jeder meistert den Staat und selbst die Kokette hat das Buch von den Rechten der Menschen auf ihrer Toilette liegen.

In der zehnten Szene erscheint Monsieur Rature, gewesener Zensor des Königs, dessen Stelle man eingehen lassen und ihm nicht einmal eine Pension gegeben, weshalb er natürlich sehr gegen die neue Regierung eifert. Man rät ihm, sich um diesen oder jenen Dienst zu bewerben. Er gesteht endlich, dass, ob er gleich Voltaire und Jean Jacques zensiert habe, er doch nicht einmal schreiben könne. – „Was können Sie denn?" – „Zensieren!" – und damit läuft er fort.

Epimenide sagt, er halte die Abschaffung der Zensur für eine der größten Wohltaten. Sie habe nur dazu gedient, die Könige mit unglücklichen Stummen zu umringen. „Die Tyrannen haben nur darum die Denkkraft gefesselt, um die Untertanen zu unterjochen."

In der vierzehnten Szene tritt ein Edelmann mit seinem Pachter auf und frägt ihn, warum er nach Paris gekommen? Ob er etwa einen Prozess habe?

„O ja!", sagte dieser, „wir sämtliche Bauern in ganz Frankreich hatten einen sehr großen Prozess, und Gottlob! Wir haben ihn gewonnen. Wir waren ehemals dumm wie das Vieh. Die Stärksten hatten die Gesetze gemacht und wir mussten uns gängeln lassen Gott weiß wie! Heutzutage ist es anders. Wir ehren einen braven Edelmann, der sich für uns herumschlägt und arbeiten für ihn; aber wir wollen nicht, dass ein Schurke uns unterdrücke! Wir kennen die Rechte des Menschen!"

Der Edelmann hingegen meint, wenn man dem Kerl so zuhöre, so sollte man glauben, sie wären einander gleich. Ehemals! Ja da waren gute Zeiten in Frankreich! Der Marquis bückte sich vor dem Herzog, der Hofmann vor dem Marquis, der Landedelmann vor dem Hofmann usw. Er schließt mit der Versicherung, er wolle in der weiten Welt einen Winkel suchen, wo man noch ein wenig Geschmack für Sklaverei habe und finde er überall nur Freiheit, so wolle er sich in den nächsten Fluss stürzen.

In der sechzehnten Szene tritt ein singender Abbé auf, der sich über den Verlust seiner Pfründen beklagt und versichert, er habe die Nation, wider seinen Willen, schon bei seinen Lebzeiten zum Erben einsetzen müssen. „Ich", fährt er fort, „kann allenfalls noch leben; aber was wird aus denen werden, die von meinen Wohltaten lebten? Ich habe immer die leidende Schönheit unterstützt und monatlich 1000 Taler meinen armen Verwandtinnen geschenkt."

d'Harcourt. Verwandtinnen, mein Herr? Warum denn nicht Verwandten?

Der Abbé. Ich hatte keine. Nur ein paar Cousinen, liebenswürdige Waisen – Und was das Ärgste ist, man nimmt uns unser Geld und lässt uns unsere Pflichten.

d'Harcourt. Aber, mein Herr, jeder Stand hat eine Veränderung erlitten; es ist also nicht mehr als billig, dass auch die Geistlichkeit –

Der Abbé. Ei ja doch! Man hätte sich nur anders dabei benehmen sollen.

d'Harcourt. Wie denn?

Der Abbé. Gerade umgekehrt; uns die Pflichten nehmen und das Geld lassen.

In der siebenzehnten Szene jammert ein Tanzmeister über den Verfall seiner Kunst. „Frankreich ist ausgeartet!", ruft er in Verzweiflung: „man tanzt nicht mehr! Man schreibt! Man schreibt! Man ist Publizist oder Soldat und einige Hofleute sind schon als Jünglinge Staatsmänner. Wie viele Menschen sind für die Tanzkunst verloren gegangen! Alle meine Freunde sind zu den Sarmaten geflohen."

(*Nota bene,* meine lieben deutschen Landsleute, diese Sarmaten sind wir.) „Unter den Aristokraten hatte ich meine besten Schüler." Er schließt mit der Ankündigung eines Festes nach der Mode: ein Nationalballett, welches zu veranstalten er forthüpft.

d'Harcourt. Es wird besser werden. Die sanfte Fröhlichkeit und die liebenswürdige Urbanität werden wieder unter uns wohnen, wie vormals. Freilich haben wir uns, durch Umstände gezwungen, seit 5 oder 6 Monaten ein wenig davon entfernt.

Hier konnte ich nicht umhin, heimlich zu fragen: Wie! Nur seit 5 oder 6 Monaten? Und nur ein wenig?

In der achtzehnten Szene tritt ein eifriger Demokrat auf, der überall Aristokraten wittert und auch vom Epimenide argwöhnt, er zettle eine Verschwörung an. Man sagt ihm zwar, Epimenide habe seit hundert Jahren geschlafen –

„Desto schlimmer!", fällt er ungeduldig ins Wort; „Er hat um Ludwig den Großen gelebt, jener Hof war nicht populär und er ist vielleicht gar ein heimlich Abgeschickter" –

J o s e p h i n e (spöttisch lachend). Aus der andern Welt.

A r i s t. Halt! Ihr weckt ewigen Argwohn, der grausamen Menschen zum Vorwand dient, der Gesetze zu spotten und jene öffentlichen Schandtaten zu begünstigen, über welche Frankreich noch lange erröten wird. – Freiheit ist nicht das Recht zu beleidigen; der Freiheit Missbrauch muss nicht ihrem Gebrauch vorausgehen.

Es wird in dieser Szene noch viel Gutes gesagt, wovon zu wünschen wäre, dass die Franzosen es beherzigen möchten.

In der zwanzigsten Szene erscheinen ein Offizier und zwei Soldaten von der Nationalgarde.

E p i m. Was wollen diese Leute?

A r i s t. Sie haben sie verlangt.

E p i m. Ich? Gott bewahre! Ich wünschte einen Schneider –

D e r S c h n e i d e r. Hier ist er als Füselier.

E p i m. Und einen Procureur –

D e r P r o c u r e u r. Er ist Grenadier geworden.

E p i m. Und einen Notarius –

D e r N o t a r i u s. Sie sehen ihn als Hauptmann.

d ' H a r c o u r t. Wir sind alle Soldaten. Der König zählt so viele Krieger als Untertanen.

Hier schließt das Stück mit einem Rundgesang, in welchem folgende Strophe, auf lautes Verlangen des Publikums, zweimal wiederholt werden musste:

J'aime la vertu guerriere
Des nos braves defenseurs;

Mais d'un peuple sanguinaire,
Je déteste les fureurs.
A l'Europe redoutables,
Soyons libres à jamais!
Mais soyons toujours aimables,
Et gardons l'esprit français.

(Ich liebe den Mut unserer braven Verteidiger, ich hasse die Wut eines blutdürstigen Volkes. Lasst uns frei sein auf immer, furchtbar dem ganzen Europa! Aber lasst uns immer liebenswürdig bleiben, treu dem Geist der Franzosen.)

Hierauf folgt ein Ballet, von Nationalgarden und artigen Mädchen getanzt. Die Letztern schmücken die Hüte der Ersteren mit Nationalkokarden. Eine ganze Kompagnie von der Nationalgarde zieht auf, präsentiert das Gewehr vor dem Publikum, schwenkt eine große weiße Fahne, worauf man das Wort L i b e r t a s liest, und der Vorhang fällt.

Ich halte dies Stück in seiner Art für vortrefflich und wohltätig für den Zeitpunkt, in welchem es erscheint. Das Gute der Revolution ist glänzend herausgehoben und das Böse ohne Schonung gerügt. Der lebhafte Beifall, mit welchem die Franzosen auch das Letztere aufnahmen, ist ein Beweis, wie viel Gutes eine Bühne wirken kann, wenn sie ihr Amt gehörig verwaltet, das Amt eines Sittenpredigers.

Übrigens halte ich es für eine gewaltige Inkonsequenz der Franzosen, dass sie im Brutus, so oft vom Tarquin die Rede war, sich ihren König dachten und im Nachspiel für Freuden taumelten, dass dieser nämliche König nun nicht mehr in Versailles, sondern mitten unter ihnen wohne.

Als wir nach Hause fuhren, sahen wir ganz Paris erleuchtet. Es war der heilige Christabend, jeder hatte sein Lämpchen beigetragen. Wenn man aber eine Illumination in Petersburg gesehen hat, so kommt einem die Hiesige doch etwas kleinlich und knauserig vor. Dort sind weit mehr Lampen, die Straßen breiter, die Häuser schöner, denn man stelle sich doch um Gotteswillen nicht vor, Paris sei eine schöne Stadt. Es gibt freilich auch hier Paläste genug, aber sie hängen nicht so aneinander wie dort und Paris hat keine Straße aufzuweisen wie die große newskische Perspektive in Petersburg. Wenn man das unbeschreibliche Gewühl aus den Straßen wegnähme, wenn man alle Boutiquen zuschlösse, so würde Paris einen traurigen Anblick gewähren, mit seinen engen Gassen, seinem schwarzen Kot und seinen Haufen von Austerschalen.

Die Schornsteine betreffend herrscht hier auch eine gar sonderbare Bauart. Sie ragen rings herum in Gestalt von langen Mauern an den Häusern hervor und es sieht aus, als habe man das Haus ins Gefängnis gesetzt. Das gilt vorzüglich von den Häusern am Quai Augustin und in jener Gegend.

Am 25.

Diesen Morgen habe ich Madame de Rome meinen Gegenbesuch gemacht. Ich traf sie an bei der Übersetzung von Crell's chemischen Annalen, welche ihr von irgendeinem Gelehrten aufgetragen worden. Wir setzten uns vor den Kamin, auf welchem verschiedene deutsche Schriften lagen. Das Gespräch fiel, wie hier in Paris überall, sehr bald wieder auf Politik und da Madame de Rome eine erklärte Aristokratin ist, so nannte sie die Nationalversammlung in ihrem Eifer die z w ö l f h u n d e r t M a j e s t ä t e n.

Wir fuhren um vier Uhr nach Hofe, um den König und die Königin in die Messe gehen zu sehn. Wir standen in dem Saale, wo die hundert Schweizer Wache halten, schöne große Leute, in der alten Tracht aus den Zeiten Heinrich IV.

mit langen Piken. Wir warteten wohl beinahe eine Stunde. Es war der Mühe nicht wert, so lange zu warten.

Endlich rauschten die Flügeltüren auf. Der König watschelte vor mir vorbei, er sah aus, als wollte er sagen: es wird mir recht sauer! Die Königin segelte vor mir vorüber, denn sie und alle ihre Hofdamen hatten so gewaltige Reifröcke an, dass man sie in der Ferne für wandelnde Montgolfieren hielt. Sie kamen vom Essen, sie gingen in die Messe, sie gingen zum Spiel, sie setzten sich zur Tafel, sie legten sich schlafen. Ach lieber Gott! Welch ein jämmerliches Leben!

Der König der Franzosen hat jetzt den ruhigsten und einträglichsten kleinen Dienst in Europa. Sein Gehalt ist fünfundzwanzig Millionen, wofür er jedesmal Ja sagt, wenn man ihm ein Dekret zu sanktionieren unterlegt. Auch da lässt er noch oft lange genug auf sich warten.

Da heute alle Spektakel geschlossen sind, ausgenommen die *Ombres Chinoises* im Palais royal, so gingen wir dahin, konnten es aber nicht länger als eine Viertelstunde aushalten. Ich glaubte, dies kleine Schauspiel hier in seiner größten Vollkommenheit zu finden, hatte mich aber geirrt. Die Gemälde waren sehr bunt und schlecht, die kleinen Figuren steif und hölzern, sogar die Fäden oft sichtbar, mit welchen ihre Arme und Beine gezogen wurden.

Es wurde unter anderm eine Szene vorgestellt, in welcher eine russische Ehefrau sich gegen ihre Freundin beklagt, dass ihr Mann sie gar nicht mehr liebe, weil er sie schon in drei Tagen nicht geprügelt habe, worauf denn der Mann erschien, um Verzeihung bat, sich entschuldigte, dass er seinen Stock irgendwo habe stehen lassen, den er nun erst wiedergefunden und endlich, zum Beweis seiner Reue, auf die Frau lospaukte.

„C'est bien allemand!", (das ist recht deutsch) sagte jemand hinter uns. Du lieber Gott!, dachte ich, *c'est bien*

l'ignorance française, welche noch immer das alte Märchen nachschwatzt, dass eine russische Frau sich von ihrem Manne lieber prügeln als küssen lasse.

Das Orchester bestand aus einem Knaben, der auf einem Hackebrette trommelte. Der Saal war sehr klein und niedrig, ganz vollgepfropft von Menschen, die Luft zum Ersticken. Wir schöpften tief Atem, als wir an die Tür kamen.

Um sieben Uhr nahm das Konzert im *Cirque national* seinen Anfang. Dieser Zirkus ist der größte Saal, den ich jemals gesehen habe, seine Länge ist vollkommen 150 Schritt. Da er größtenteils unterirdisch ist, so erhält er sein Licht durch eine Glasdecke von oben. Eine Galerie läuft rings herum. Man findet daselbst ein großes Orchester, eine Menge Bänke für die Zuhörer in Form eines Amphitheaters, eine Art von rundem Tempel, worin man Erfrischungen bekommt, Boutiquen, Billards, kurz, wieder eine Welt im Kleinen.

Ich schätze die Menge der Anwesenden auf einige Tausend. Der Saal mag wohl 4000 fassen. Alles lief durcheinander, größtenteils nachlässig gekleidet, mit den Hüten auf den Köpfen. Als die Musik anfing, näherte sich mir ein *Garde national* mit der Bitte, meinen Hut abzunehmen. Ich sah mich schnell um, denn ich hatte nicht bemerkt, dass alle Zuschauer bereits mit entblößten Häuptern standen; aber es kam mir lächerlich vor, dass ich gerade nun den Hut abnehmen sollte. Im Schauspielhause ist mir das sehr begreiflich, da tut man es, um den Hintenstehenden nichts von der Aussicht zu benehmen, wenigstens sind die Mannspersonen so höflich. Aber warum im Konzert? Wenn man ihn nicht gleich beim Eingange abnehmen muss, welches ich freilich sehr billig und natürlich gefunden haben würde. Ich konnte mich nicht enthalten, den *Garde* zu fragen: ob man hier die Musik grüße? Er wusste mir nichts darauf zu antworten. Die Symphonie ging aus B-Dur, es war das erste B-Dur in meinem Leben, vor dem ich den Hut abnahm.

Übrigens war das Orchester lange nicht so gut besetzt wie – so sagte ich zu mir selbst mit einem gewissen deutschen Stolz – das Mainzer zum Beispiel, welches ich erst kurz vorher gehört hatte. Ich fing an, mich zu langweilen, wie mir denn das in großen Gesellschaften gar leicht begegnet und ob ich gleich für meine 36 Sous noch einem Balle hätte beiwohnen können, so reizte mich doch mehr die Einsamkeit meines Zimmers. Ich ließ meinen Gefährten zurück und fuhr nach Hause.

Ich musste über mich selbst lächeln. Als ich mich in den Wagen setzte, sagte ich mir laut: „Ich will nach Hause zu meiner Friederike." Als ob ich sie da finden würde! – Aber ich bin jetzt so selten allein, nur des Morgens ein paar Stunden, weil ich früh aufstehe. So oft ich nun allein bin, so oft kommt mirs vor, als sei ich bei ihr! Ich rede mit ihr, ich erinnere sie an jede schöne und frohe Situation unsers Lebens, ich frage sie, ob sie um mich schwebt? Ob sie mich hört? Ich sehe links und rechts hinauf in die Luft, ob meine Fantasie sich nicht wenigstens ein Wolkenbild erschaffen werde.

Man sagt, es gebe keine Gespenster, aber man behauptet doch, eine lebhafte Einbildungskraft sehe dergleichen, wenn sie sie sehen wolle. Ach! So habe ich denn keine lebhafte Einbildungskraft! Denn ich mag immerhin meine ganze warme Fantasie aufbieten, mich zu täuschen; es ist umsonst! Ich muss immer wieder zurück in mein Herz blicken, wenn ich die Gestalt meiner Gattin sehen will.

Am 26.

Ich erfuhr diesen Mittag bei unserm Gesandten, le Vaillant, der interessante Reisende in das Innere von Afrika, sei seit einigen Monaten nicht mehr hier. Paris schien ihm unerträglich. Seine Wüsten waren ihm lieber als die *Champs elisées* und er zog seinen Kraal dem Louvre vor. Den größten Unterschied mochte er freilich wohl unter den Menschen finden, wenigstens suchte er im Palais royal vergebens eine N a r i n a . Herr Dubrowsky, welcher öfter mit ihm in Gesellschaft gewesen, beschreibt ihn als einen finstern, in sich gekehrten Mann, der wenig mehr aus diesem Weltteil an sich gehabt, ohne alle Prätension, still, oft starr vor sich hinsehend, Europa um sich her vergessend.

Endlich ward die Sehnsucht nach seinen Hottentotten so groß bei ihm, dass er eines Morgens plötzlich verschwand und nur ein Billet auf dem Tische zurückließ, welches seine Frau belehrte, er sei auf der Reise nach Afrika und werde nie wieder nach Europa zurückkehren. Wenn er also auch in seinem Charakter wenig Ähnliches mit den Franzosen hatte, so war er doch wenigstens ein Pariser Ehemann.

Diesen Abend im *Theatre de Monsieur,* dessen Äußeres und Inneres nicht sonderlich ins Auge fällt. Man gab *le proces de Socrate* und *l'histoire universelle.* O heiliger Sokrates! Wie wurde dein Andenken geschändet! Wäre Mendelssohn unter den Zuschauern gewesen, er hätte sich totgelacht oder geärgert.

Sokrates schnarrte trotz einer Berlinerin. Der sanfte Weltweise durchsägte die Luft, machte seine Richter herunter wie die Bettelbuben, sagte ihnen die gröbsten Impertinenzen mit dem gröbsten Anstande, war unausstehlich eitel, machte sich über alle Götter lustig und predigte den reinen Deismus. Kurz, er sah so wenig dem achten Sokrates ähnlich wie das Bild eines Greises mit der Weltkugel in der Hand dem lieben Gott ähnlich sieht. Um jeden großen Zug aus dem Charakter des tugendhaftesten Mannes wegzuwischen, hatte man ein Drama daraus gemacht. Man ließ ihn zwar zum Tode verdammen, auch setzte er schon den Giftbecher an den Mund, aber seine Freunde stürzen herein, erbieten sich, ihn zu befreien und er ist auf der Bühne höflicher und nachgiebiger als er im Kerker zu Athen war.

Auch gegen die griechischen Sitten und Kostüm war hin und wieder gewaltig verstoßen. Die Weiber liefen den ganzen Tag auf der Straße herum, als ob kein Gynäzeum mehr in Athen sei. Der Oberrichter saß auf einem hölzernen Großvaterstuhl, der einem Nachtstuhl sehr ähnlich sah. Die griechischen Soldaten erschienen in langen türkischen Beinkleidern, mit französischen Locken, wohl pommadiert und eingepudert. Am drolligsten aber nahm sich ein gemalter Kamin im Gefängnis des Sokrates aus, mit dazugehöriger Feuerzange und Schaufel und auf dem Kamin – lagen einige Tabakspfeifen.

Es könnte wohl sein, dass bei dieser Erzählung mancher glauben möchte, ich verschönere ein wenig meine Berichte; aber ich übertreibe wahrlich nichts, es ist alles buchstäblich wahr. Das sind die pfiffigen Franzosen! Das unwissendste Volk auf Gottes Erdboden und eben deshalb das eitelste. *„C'est bien allemand!"*, sagte gestern mein Nachbar, als der Russe seine Frau prügelte. *„C'est bien français!"*, hätte ich heute sagen mögen, als ich den Kamin mit den Tabakspfeifen sah.

Auch der Ring, welchen Sokrates zuletzt dem Kerkermeister gab, war nach der allerneuesten Mode, ein länglich blauer Stein oder Glas in Brillanten gefasst. Er kontrastierte sehr niedlich mit dem übrigens gut beobachteten griechischen Kostüm. Xantippe hat mir am besten gefallen, ihr Charakter war am fleißigsten ausgearbeitet und treu dargestellt. Nicht das zänkische, unleidliche Geschöpf, wie sie in den ABC-Büchern erscheint, sondern ein zwar sehr lebhaftes, aber gutherziges Mütterchen wie sie wirklich war. Auch wurde diese Rolle sehr brav gespielt. Die Natur war der Schauspielerin durch eine reichliche Gabe von Hässlicheit zu Hilfe gekommen.

Die übrigen verdienen keine Erwähnung. Sie säbelten alle von der Rechten zur Linken, schrien alle wie die Besessenen und wurden durch den schallendsten Beifall belohnt. Überhaupt ist man hier in allen Theatern mit dem Applaudieren verschwenderisch freigebig. Alle Augenblicke wird geklatscht, dass einem die Ohren gellen, alle Augenblicke Bravo gerufen und immer um nichts und wieder nichts. Lassen sich vielleicht gar einige Stellen auf die hochbelobte Freiheit beziehn, oder vielmehr, werden Königen und Ministern recht derbe Impertinenzen darin gesagt (wie das auch heute einige Mal der Fall war), so lärmt der Pöbel zügellos, man glaubt, unter einem Haufen ungesitteter Studenten zu sitzen.

Das zweite Stück entschädigte uns für die Langeweile des Ersten. *L'histoire universelle* ist eine niedliche Oper von dem bekannten Cousin Jacques, die da beweisen soll, dass jeder Erdenbewohner, vom Reichsten bis zum Ärmsten, vom Könige bis zum Bettler, über Unglück klagt und Unrecht hat. Dieses allgemeine Klagen und die mancherlei nicht seltenen Vorfälle des Lebens, über welche sich hier ein jeder beschwert, wie: verlorne Prozesse, Untreue in Freundschaft und Liebe, ungeratene Kinder usw. haben dem Stücke den Titel *histoire universelle* zuwege gebracht. Es ist voll Witz und Laune, die meisten Arien haben drollige Refrains und sind niedlich komponiert. Ganz zuletzt erscheint ein Eremit in der Versammlung, der sie belehrt, dass man immer lustig und fröhlich sein müsse, weil es eigentlich gar kein Unglück auf der Welt gebe, als das man sich selbst mache.

Der Cousin Jacques mag mirs nicht übelnehmen, wenn ich ihm hier nicht beipflichte. Es gibt wahrlich Unglück auf der Welt! Freilich mag unter hundert Malen das immer unzufriedne Geschöpf, der Mensch, 99 Mal sein eigner Peiniger sein; aber wenn nun jemand unter der Menge aufgetreten wäre und zu dem Eremiten gesagt hätte: „Freund! Der Tod hat mir mein geliebtes Weib entrissen!" – Ich hätte doch hören mögen, was der lustige Eremit geantwortet haben würde. Vermutlich hätte er sich durch einen Gemeinspruch aus der Sache gezogen.

Ich habe einen praktischen Maßstab für das Unglück, der mich selten trügt. Sobald mir etwas Unangenehmes begegnet, so frage ich mich selbst: „Werde ich über ein Jahr um diese Zeit noch daran denken? Wird es dann noch Einfluss auf mein Schicksal haben?" – Muss ich diese Frage mit Ja beantworten, so nenne ich das ein Unglück. Alles andere schlage ich mir aus dem Sinne.

So war mir dein Verlust, geliebte Gattin! Ein großes Unglück! Denn könnte ich Jahrhunderte alt werden, dich würde ich nie vergessen! –

Am 27.

Diesen Abend besuchten wir die *Comediens de Beaujolois* und litten grässliche Langeweile. Ein kleines, leeres, kaltes, unfreundliches Haus; hässliche, quäkende Schauspieler und die schlechtesten Stücke, welche zu Anfang dieses Jahrhunderts geschrieben worden. *L'Antidramaturge,* Lustspiel in drei Akten, von welchen nicht weniger als drei überflüssig waren. Eine eiskalte Abhandlung über die Schauspieldichtkunst, mit der fadesten Liebesintrige verflochten.

Le bon pere, Opera in einem Akt, *bon* für seine Kinder, höchst langweilig für uns, Bierfiedlermusik, singen konnte keiner unter ihnen und wehe ihnen!, wenn sie einst Rechenschaft geben müssen von jedem falschen Ton, den sie hienieden herausgegurgelt haben.

Den Beschluss machte endlich *le deguisement amoureux*, abermals Opera in zwei Akten, die abgedroschenste Intrige, ein Zwillingsbruder des *bon pere*. Wir hatten den Mut auszuhalten bis fast ans Ende. Mein Verdienst dabei war eben nicht groß, denn nie habe ich weniger den Zweck erreicht, um dessen Willen ich die hiesigen Bühnen besuche, ich meine Zerstreuung. Nie war ich weniger zerstreut. Den ganzen Abend ist meine Frau bei mir gewesen, sie hat neben mir auf der Bank gesessen und ich habe mich so selten als möglich aus der süßen Täuschung wecken lassen.

Das Publikum war auch hier, wie überall in Paris, mit seinem Beifall lächerlich verschwenderisch. Einmal waren sie gar so unverschämt, bei Gelegenheit eines abgeschmackten Chors „*bis! bis!*" zu rufen und dies *bis* sprechen sie so weich und ekelhaft aus, dass man gleich dabei an ihre Fricassés denkt. Noch widerlicher klingt aber dem deutschen Ohre die Aussprache der lateinischen und griechischen Namen in einem französischen Munde. Da ist Brütüs, Titüs, Anytüs, Melitüs – O, es ist zum übel werden!

Am 28.

Die *petites affiches de Paris*, wovon täglich ein halber Bogen, außer dem Supplement und oft auch noch mehr herauskommt, enthalten beinahe jeden Morgen etwas dem Beobachter Merkwürdiges und wer sich die Mühe geben wollte , aus jedem Jahrgange auch nur das zu sammeln, was den Bewohner jedes Landes interessieren muss, der würde jährlich ein artiges Bändchen zu liefern imstande sein. Ich habe schon einige Proben davon gegeben und ich fahre fort:

Hier ist ein *quatrein*, eine Art von Lückenbüßer des heutigen Tageblatts, so glänzend gesagt und doch so unwahr.

O bonheur! o chimere! envain l'homme t'implore,
Hélas! pour être heureux, ses voeux sont superflus,
En espérant, il ne l'est pas encore,
En jouissant, il ne l'est deja plus.

(Vergebens ruft der Mensch des Glückes Göttin! Indem er hofft, ist er noch nicht glücklich; indem er genießt, ist er es schon nicht mehr.)

Ich leugne beides. Wie? Hoffnung mache nicht glücklich? – O, dann wären wir arme Menschen! Hoffnung ist die Kindheit und das Jünglingsalter des Glücks. Man wird gegängelt, in den Schlaf gesungen, mit schönen Bilderchen hingehalten und ist man endlich zu der Wirklichkeit hinübergeschritten – Je nun, so bunt, so lachend ist sie freilich nicht; aber dass der Augenblick des Genusses derjenige sei, in welchem die Hoffnung, glücklich zu werden mit dem Gefühl, es gewesen zu sein, verschmelze, – O, armer Mensch, der das schrieb.

Der Himmel mag wissen, welchen Genuss der Dichter im Sinne haben mochte. Sprach er vom Becher der Wollust oder von jeder anderen Sinnlichkeit, dann mag er Recht haben. Aber – gewiss ward er nie des einzigen wahren Glücks teilhaftig, des Einzigen, wofür der Mensch geschaffen wurde, h ä u s l i c h e R u h e u n d F r e u d e ! Er weiß gewiss nicht, wie da die Wochen zu Stunden werden; wie einem alles so gewöhnlich, so alltäglich und doch immer lieb ist; wie man immer vorher weiß, was man in der nächsten Stunde tun wird und es doch gern tut; wie man immer gern nach Hause geht und nirgends lieber ist, als zu Hause; wie man schon auf der Straße sich freut, dass man die liebe Gefährtin seines Lebens auf dem und dem Plätzchen, so oder so beschäftigt finden wird, ob man sie gleich alle Tage da findet; wie wohl der freundliche Empfang dann tut; wie frei man Atem holt, wenn man etwa in einer geschraubten Gesellschaft war: Wie hastig man alles heraussagt, alles mitteilt, was einem auf dem Herzen lag; man legt es nieder in das Herz eines andern und wird verstanden und ist leicht und froh; wie heiter man dann zur Arbeit geht, die man sich jeden Augenblick würzen kann durch ein freundliches Gespräch oder einen Kuss.

O wahrlich! Wahrlich! Dann reicht man sich oft still und freundlich die Hand und im Auge steht geschrieben: Wir sind glücklich! Auch mein Mund hat es oft laut und dankbar bekannt. Oder ist das nicht Genuss? Und zwar der Süßeste, der einzig Herz Befriedigende, der uns hienieden gewährt wurde? Die Ausstufung vielleicht von irdischen Freuden zu überirdischen? –

Doch der Dichter war wohl kein Ehemann, oder irre ich mich – nun, so ist seine Frau keine Friederike.

Überhaupt spielen die Franzosen immer mit Worten, der Dichter mit *esperance* und *jouissance*, der Pöbel mit *constitution* und *fédération*. Wurden doch heute sogar *bonbons à la fédération* angekündigt. Frankreich kommt mir vor wie eine große Bonbonnière, alle die edlen und schönen Gesinnungen der Franzosen sind überzuckerte Bonbons, die sie zwar in den Mund nehmen, absaugen, hin- und herwerfen und eine süße Zunge davon bekommen, die aber auf ihr Inneres keine weitere Wirkung hervorbringen.

Jedes Tageblatt enthält unter anderm einen Artikel: *effets perdus ou trouvés* (verlorne oder gefundene Sachen). Die Überschrift ist falsch: Es sollte eigentlich nur heißen *effets perdus* (verlorne Sachen), denn noch nie fand ich, dass etwas gefunden worden sei. Das ist freilich kein Lobspruch für die Ehrlichkeit der Pariser.

Um uns für die Langeweile zu entschädigen, die wir gestern bei den *Comediens de Beaujolois* ausgestanden hatten, gingen wir heute in die große Oper und ich gestehe, dass ich selten einen so mannigfaltigen Genuss gehabt habe, den teils dieses prächtige Schauspiel selbst, teils Nebenumstände mir verschafften.

Wir fuhren dieses Mal schon um 4 Uhr hin, um einen guten Platz zu bekommen und erreichten unsern Zweck vollkommen. Gegen die Langeweile hatten wir uns mit Büchern gewaffnet. Man gab Alceste von Gluck, ein schwelgerisches Gastmahl für Ohr und Auge, aber wahrlich keine lindernde Arznei für mein Herz! – Kaum hatte das Stück seinen Anfang genommen, siehe da, gleich arbeitete meine kranke Fantasie, Ähnlichkeiten und Beziehungen zu suchen. Ja, es ist vielleicht lächerlich, aber nicht belachenswürdig: Ich sah im Admet mich selbst, Admet krank, ich auch; sein Weib opfert ihr Leben für das seinige; ich reife, um meine Gesundheit wiederherzustellen, meine Frau begleitet mich aus Liebe und – verliert ihr Leben auf dieser Reise! Hat sie es nicht auch für mich geopfert? Lebte sie nicht vielleicht noch, wenn ich sie zurückgelassen hätte? – Ich lächle selbst über diese Schwärmerei, aber eine Träne läuft mir dabei über die Backen und wer bei dieser Stelle anders lächeln kann, der schlage um Gotteswillen das Buch zu.

Orchester, Gesang und Chöre, Dekorationen und Kleidungen, alles wetteiferte in Geschmack und Pracht. Das Orchester bestand ungefähr aus achtzig Personen und auf der Bühne waren oft mehr als hundert. Das Kostüm überall schön beobachtet, sowohl an Menschen wie Gebäuden. Aber – warum muss denn immer durch Kleinigkeiten die Wirkung des Ganzen, wenigstens auf Augenblicke lang, verhunzt werden? Ist denn niemand da, dessen Pflicht es ist, Sänger und Tänzer vorher zu mustern? Oder bin ich der Einzige, bei dem der geringste Verstoß die Täuschung sogleich zerstört? *Parturiunt montes* und vielleicht wird mancher das, was nun kommt, für eine kleine Maus halten. Ich kann mir nicht helfen. Die großen, breiten, neumodischen Schnallen der Tänzer, mit welchen sie unter Admets Augen in einem altgriechischen Palaste figurierten, haben mich gewaltig gequält und meine Täuschung sehr unsanft aus dem Schlummer geweckt. Ich wollte immer nicht hinsehen, ich wollte die großen Schnallen vergessen, aber ich konnte nicht. Je weniger ich hinsehn wollte, desto öfter tat ich es. Eine ängstliche Unruhe bemeisterte sich meiner, welche mich bis in den Tempel des Apoll und bis vor seinen flammenden Altar begleitete, überall sah ich große, neumodische Schnallen.

Das Ballet, welches auf die Oper folgte, war nach der Geschichte des Telemach gearbeitet und enthielt gerade das erste Buch des Fenelon. Es war in drei Aufzüge geteilt, der Verfasser ist Monsieur Gardel, der auch die Psyche schuf. Telemach und Psyche sind ein paar sehr reizende Kinder, doch glaube ich, dass die Ausführung des Telemach ihm noch schwerer werden musste als die der Psyche, weil in dem Ersteren, außer Telemach, Mentor und dem kleinen Cupido, nicht eine einzige Mannsperson vorkommt.

Telemach erhält wie Psyche alle Sinne in einer lieblichen, fröhlichen Spannung. Wie die hübschen Mädchen herumwimmeln, wie göttlich sie tanzen, wie wollüstig und doch grazienvoll jede ihrer Bewegungen, welch reizendes Ineinander verschlingen, welcher süße Wirrwarr, welche Gruppen! – Für ein Raffinement von Koketterie halte ich es, dass die Unterhosen der Damen von fleischfarbner Seide gemacht sind.

Am meisten belustigte mich an diesem Abend das Erstaunen meines estnischen leibeigenen Bedienten, den ich mit mir genommen hatte, um auch ihm eine Zerstreuung zu verschaffen; denn da der arme Teufel nicht eine Silbe Französisch versteht, so sitzt er den ganzen Tag sich selbst gegenüber und wird von der grässlichsten Langeweile gemartert. Ich hatte ihn neben mich sitzen lassen, um seine Empfindungen zu beobachten, die so schnell wechselten wie die Dekorationen auf der Bühne. Telemachs Schiffbruch starrte er ängstlich an, bei seiner Rettung lächelte er. Als die Nymphen den Wettlauf begannen, als die Schönste unter ihnen das Ziel oben auf dem Felsen erreichte und gleich darauf mit ihren Pfeilen eine weiße Taube von der Stange herunterschoss, da glänzte die Lust in seinen Augen und er fing an, mit sich selbst zu sprechen. Aber starr, stumm und ohne Atem blieb er fast, als Venus und Cupido sich in einer Wolke herabließen, als das Schiff lichterloh brannte, sich endlich in Wolken verwandelte, die schöne Nymphe gen Himmel fuhr und Telemach sich vom Felsen herab in die Fluten stürzte.

Er kam sehr froh nach Hause; Ich hatte ihn zwischen diesem Vergnügen und dem baren Gelde wählen lassen, er hatte das Erstere vorgezogen und seine Wahl schien ihn nicht zu gereuen.

Am 29.

Das heutige Tageblatt begehrt einen Hofmeister für einen jungen Herrn von Stande, der aber eine *Religion éclairée* besitzen müsse. Es ist aber nicht näher bestimmt, was man eigentlich unter dieser ausgeklärten Religion verstehe.

Wir fuhren gegen Mittag in das Institut der Blinden, um den öffentlichen Übungen beizuwohnen. Schulz hat dieses Institut so schön und umständlich beschrieben, dass mir wenig davon zu sagen übrig bleibt. Doch ich gestehe aufrichtig, dass, ob ich gleich ihre Art zu lesen, zu schreiben, zu drucken usw. bewundere, ich es doch für eine bloß unnütze Spielerei halte.

Das Lesen mit den Fingern wird selbst denen, die am geübtesten darin sind, so beschwerlich und geht so langsam vonstatten, dass gewiss kein Blinder jemals Geschmack daran bekommen wird. Auch wäre er sehr zu bedauern, wenn es doch geschähe, da der Bücher für ihn so wenige sind und in hundert Jahren seine Bibliothek vielleicht höchstens auf zehn Bände anwachsen könnte. Wozu also das bisschen Lesen? Unnützer Zeitverlust.

Ebenso das Drucken. Sie setzen drei Worte, indessen ein geübter Setzer eine Oktavseite fertigt. Also wieder unnütz.

Ebenso das Musizieren. Da sie die Noten mit den Fingern lesen müssen, so geht es natürlich sehr langsam her, ehe sie ein nettes Stück lernen, wenn sie sich nicht etwa durch das Gehör helfen. Es scheint aber auch keiner große Freude an der Musik zu haben, denn sie spielen alle schlecht und wissen auch vermutlich nichts anderes zu spielen als das Chor, welches sie zweimal in der Woche den neugierigen Fremden vorkratzen müssen.

Ebenso die Geographie. Dass der Blinde Länder und Städte greift, ei nun ja, ich wundere mich darüber, aber immer dringt sich mir wieder die Frage auf: *cui bono?* – Das Rechnen möchte allenfalls eine Ausnahme von der allgemeinen Verdammnis machen, aber ich habe doch auch nur sehr kleine Exempel rechnen sehn, die der Blinde vielleicht noch schneller im Kopfe zusammenaddieren könnte.

Am lächerlichsten ist mir der Unterricht gewesen, den die Blinden kleinen sehenden Kindern erteilen. Im Lesen mag es noch hingehn, das heißt, wenn das Kind die Buchstaben schon kennt und der Blinde daher nur mit den Fingern folgen darf, um zu wissen, ob das Kind richtig gelesen. Wie er ihm jedoch die Kenntnis der Buchstaben beibringen könnte, das sehe ich nicht ein.

Belachens- und erbarmungswürdig aber ist es zu hören, wenn der Blinde einen muntern, sehenden Knaben von höchstens vier Jahren in allen Teilen der Grammatik examiniert. Da muss der arme Junge alle Teile der Redekunst nennen, muss erklären, was ein Substantivum, ein Adjektivum, ein Nomen, ein Pronomen ist und alles das geht so unbeschreiblich rasch und schnell, Frage und Antwort folgen immer so Schlag auf Schlag, dass man wohl hört, es werde nur auswendig hergebabbelt. Ich halte daher alles, was an diesem Institut am meisten auffällt, für bloße Scharlatanerie.

Doch ferne sei es von mir, das Verdienst des Stifters und Erfinders schmälern zu wollen, der im Genuss seines guten Werkes so selig zu sein scheint. Es bleibt auch in der Tat immer noch genug übrig, um einem Biedermanne das Himmelreich zu erwerben. Das Spinnen, die Seiler- und Gürtlerarbeit, das Stricken, kurz, jede Handarbeit, die sie in ziemlicher Vollkommenheit verfertigen, ist nützlich, ernährt die armen Unglücklichen und bewahrt sie vor Müßiggang. Für alles Übrige Bewunderung so viel ihr wollt, aber keine Achtung.

Einen kleinen Zug muss ich noch nachholen. Zwei Blinde sollten eine Probe ihrer Druckerei ablegen und der Inspektor bat um eine ihnen vorzulegende kurze Phrase. Ich sagte: *„Vive la liberté!"* (Es lebe die Freiheit!) Sogleich fingen beide an zu setzen. Der eine brachte mir auch wirklich sein *vive la liberté!*, der andere hatte aber stattdessen gedruckt: *quand elle est sans abus* (wenn sie ohne Missbrauch ist). Vielleicht hatte der Lehrer es ihm unbemerkt zugeflüstert.

Zum Beschluss rezitierte einer von den ältesten unter ihnen ein Gedicht, welches er selbst gemacht zu haben vorgab.

Wir fuhren von da auf den Platz, wo ehemals die Bastille stand. Ihre Spur wird kaum noch gefunden. Nichts mehr von den schwarzen hohen Mauern, nichts Grässliches und Düsteres mehr. Ein schöner freier Platz, wo nur noch hin und wieder ein Steinhaufen verrät, dass er ehemals bebaut war. Auch diese wenigen Überbleibsel hinwegzuschaffen, fanden wir noch immer eine Menge Leute beschäftigt.

Die Empfindungen, welche den Fremdling auf diesem fürchterlichen Platze ergreifen, sind unbeschreiblich. Jeder Stein, an dem man vorübergeht, diente vielleicht einem Elenden zum Kopfkissen; jede Schaufel Erde, die der Arbeiter auf seinen Karren wirft, hat vielleicht Tränen in sich gesogen.

Ich muss bei dieser Gelegenheit des durch seine Leiden auch unter uns bekannt gewordenen Monsieur de la Tude erwähnen. Er ließ vor einigen Tagen Folgendes in die öffentlichen Blätter einrücken:

„An die Herausgeber.

Meine Herren.

Die Menschen haben mich immer so übel behandelt, daß es mir Bedürfniß wird von meiner Dankbarkeit zu reden, wenn ich einmal das Gegentheil erfahre. Ich übergab vor einiger Zeit ein Exemplar meiner Memoires der Commite der französischen Komödie. Unsere heutigen Rosciusse haben so oft Gelegenheit, gegen die Tyrannen und für die Freiheit zu reden, daß ich glaubte ihnen mittheilen zu müssen, das, was 40 Jahre 3 Monate und 14 Tage der Qualen, mir wohl das Recht gegeben haben, die Archive des Despotismus zu nennen, etc."

Er dankt hierauf öffentlich für die freie Entree, welche die *Comediens du roi* ihm und seiner Wohltäterin und Befreierin, der Madame le Gros, zugestanden haben. Aber mein

Gott! Welcher Sprache bedient man sich noch immer mitten in Paris, in einem öffentlichen Blatte!

Monsieur de la Tude ist *Officier du genie*. Welche Empfindungen müssen diesen Mann ergreifen, wenn er über den großen, freien Platz geht, von welchem er ehemals einen kleinen Raum von einigen Schritten zwischen vier Mauern bewohnte! Welche Gefühle, wenn er die Gegend sucht und betritt, in welcher dieser kleine Raum gelegen war! Jeder Stein muss ihm merkwürdig sein, denn es ist vielleicht eine vierzigjährige Bekanntschaft.

Abends besuchten wir *les ambigus comiques* und fanden da so viel Belustigung und Zerstreuung wie nur immer zu finden möglich sein mag, wenn man Tages vorher in der Oper gewesen ist. Man gab *l'épreuve raisonnable* in einem Akt, und *Bekir et Niza*, persisches Drama in zwei Akten. In beiden eine sehr einfache Fabel ziemlich glücklich behandelt und ziemlich gut gespielt.

Den Beschluss machte eine Pantomime in vier Akten, *l'homme au masque de fer*. Die bekannte Geschichte der geheimnisvollen eisernen Maske, die unter Ludwig XIV. die Bastille bewohnte und über welche so mancherlei Mutmaßungen existieren, hatte den Stoff dazu hergegeben. Verhielte sich die Geschichte so, wie hier der Dichter träumt, so wären die Rätsel auf einmal gelöst. Die eiserne Maske in dieser Pantomime nämlich ist des Königs Bruder, beide sind in ein Mädchen verliebt, das vermutlich irgendeine Prinzessin ist. Der König ist der verschmähte Liebhaber, er trifft seinen Bruder zu den Füßen seiner Schönen, sie schlagen sich, die Wache entwaffnet den Prinzen und nun wird ihm die eiserne Maske vorgelegt. Alle die kleinen Anekdoten, welche uns die Geschichte darüber auf-behalten, sind benutzt, der Gouverneur immer fertig, mit der Pistole den Gefangenen aus der Welt zu schaffen, im Fall er es wagen sollte laut zu werden; der silberne Teller, auf welchen der Gefangene kritzelt und ihn einem Fischer zuwirft, der nicht lesen kann; etc.

Allein vom dritten Aufzuge an jagt eine Unwahrscheinlichkeit die andere. Die Maske sitzt im Gefängnis und spielt auf der Zither, man antwortet ihm von unten herauf auf der Flöte. Die Maske sinkt Gott weiß wie hinunter und holt seine Geliebte herauf, die Gott weiß wie dahin gekommen ist. Sie hat, Gott weiß wie, erfahren, dass hinter einem Stein der Mauer ein Dolch und eine Pistole verborgen sind, mit dem Ersteren bewaffnet sie sich, mit dem Letzteren den Prinzen; dieser erschießt den Gouverneur und gibt sich der Wache zu erkennen, die ihn, Gott weiß warum, für ihren König anerkennt. Er flieht nun, Gott weiß wohin; wird verfolgt, Gott weiß von wem; findet Hilfe, Gott weiß wo; schlägt sich tapfer herum, siegt und sieht am Ende mit seiner Donna ruhig zu, wie die Bauern und Bäuerinnen vor ihm herumtanzen.

Die Musik fiel sehr angenehm ins Ohr, freilich nur aus hundert Opern zusammengetragen, aber was schadet das? Wenn sie nur zu der Empfindung passt, die sie eben ausdrücken soll.

Sonst ist eine Pantomime ein Ding, dem ich keinen Geschmack abzugewinnen weiß. Man muss alles raten, man tappt mit der Einbildungskraft immer im Finstern herum und die spielenden Personen müssten sehr ausgezeichnete Talente oder die Zuschauer eine starke Übung besitzen, wenn jede Bewegung richtig ausgelegt werden sollte.

Am 30.

Diesen Abend lockte mich ein neues Schauspiel mit Gesängen in das *Theatre italien*, weil ich aus den Affichen sah, dass man es in sehr kurzer Zeit sechsundzwanzigmal gegeben hatte. Es heißt *Euphrosine ou le tyran corrigé*. Das Haus war auch dieses Mal sehr voll und ich fand, dass das Stück seinen Ruf verdient.

Drei Schwestern, arme Waisen, werden an einen Hof gebracht, wo die Laune eines Despoten herrscht, wo kein Untertan sich dem Fürsten zu nähern wagt, wo man keine Leidenschaft kennt als Herrschsucht und keine Freude als jagen, turnieren, kriegen; wo jedes sanfte Gefühl ein Verbrechen ist. Die ältere der drei Schwestern, Euphrosyne, übernimmt es mit vieler Zuversicht, den wilden Despoten in einen guten Fürsten, den immer schlagfertigen Ritter in einen girrenden Liebhaber zu verwandeln, und – es gelingt ihr.

Das ist der Plan des Stücks, das einzelne, sehr niedliche Details hat, besonders die Szene, in welcher der Fürst seine neue Leidenschaft mit Schrecken gewahr wird, aber dem Dinge keinen Namen zu geben weiß, den Leibarzt rufen lässt, um zu erfahren, was ihm eigentlich fehle und mit Beben erfährt, seine Krankheit sei die nämliche, die einst Troja verwüstet und die Könige aus Rom verjagt – sei Liebe! Und dann die Szene, in welcher der Fürst, eben im Begriff ein Treffen zu liefern, bereits gewappnet mit Helm, Schild, Lanze und Schwert, Euphrosynen seine Liebe bekennt, sie aber, ihn neckend, Furcht vor seinen kriegerischen Zurüstungen heuchelt, ihn Stück vor Stück entwaffnet und als er nun ganz waffenlos vor ihr steht, auf seine Frage: o b e r i h r s o g e f a l l e ? doch noch antwortet: „N e i n , d u b i s t m i r z u g r o ß , i c h m u s s a n d i c h h i n a u f s e h n , d a s m a c h t m i r H a l s w e h ". Er, den Wink verstehend, sinkt zu ihren Füßen und nun bewaffnet sie ihn selbst wieder und ernennt ihn zu ihrem Ritter.

Auch die Musik ist mehr als artig, ist beinahe schön. Vorzüglich wurde ein Duett sehr beklatscht, bei welchem mir Hören und Sehen verging. Eine gewisse neidische Gräfin sucht den neuverliebten Fürsten eifersüchtig zu machen; er wird es, sie freut sich darüber und diese Eifersucht und diese Schadenfreude geben die Veranlassung zu einem wütenden Duett, in welchem zuletzt, da eines das andere im Singen nicht mehr übertreffen konnte, beide anfingen, ganz akzentlos und tonlos zu schreien, aber so zu schreien, dass es auf die widrigste Weise durch Mark und Bein drang. Das Publikum schien dies für *superieurement bien* zu halten und mischte seinen tobenden Beifall in das gewaltige Rauschen der Musik, in das wütende Geschrei der Sänger; alles zusammen genommen, ließ die Annäherung des jüngsten Tages erwarten.

Beide, Akteur und Aktrice, sanken am Ende links und rechts in ein paar Sessel und arbeiteten so heftig mit der Brust, dass es schien, als wolle sie zerspringen. Einer meiner Nachbarn behauptete zwar, das sei nur Grimasse, um die Zuschauer zu rühren, wenn sie sähen, wie man sich um ihres Vergnügens willen aufopfere; ich aber glaube gern, dass es Ernst gewesen, denn ich wäre ja beinahe vom bloßen Zuhören krank geworden.

Einen Übelstand der französischen Bühne, den ich heute nicht zum ersten Male bemerke, muss ich noch rügen. So oft nämlich ein französischer Schauspieler sich in seiner Rolle gegen einen andern stolz zu benehmen hat, sei dieser Stolz auch übrigens noch so edel, so dreht er ihm unfehlbar den Rücken zu und spricht ganze Szenen lang mit der Wand, indessen der andere mit seinem Hinterteile redet. So machte es heute der Fürst mit der Gräfin, so machte es neulich im *Theatre de la nation* Titus mit dem Gesandten des Porsenna, so machte es im *Theatre de Monsieur* Sokrates mit dem Oberpriester, kurz, das abgeschliffenste Volk von der Welt hat für den Ausdruck des edlen Stolzes keine andere Bewegung, als die, dem andern den H– zuzukehren.

Man gab noch eine kleine Oper in zwei Akten, die auch recht angenehm unterhielt, denn Gesang und Orchester sind, im Ganzen genommen, bei dieser Bühne vortrefflich. In Deutschland, wo man nicht sehr freigebig ist, hätte man das kleinere Stück gewiss weggelassen, da Euphrosyne ein Stück in drei Aufzügen ist und volle zwei und eine halbe Stunde spielt. Aber mit zwei und einer halben Stunde lässt sich der Pariser nicht abspeisen, er muss seine vier Stunden haben und er hat Recht. Ehemals war es bei uns auch so, doch je höher der Gehalt unserer Schauspieler steigt, je weniger glauben sie sich dem Publikum verpflichtet.

Die kleine, liebe, unschuldige Rose Renaud spielte heute auch wieder mit. Ich erblicke bei dem Worte u n s c h u l d i g ein Faunslächeln auf dem Gesichte manches meiner Leser; aber ich bitte euch, lasst mir die süße Täuschung. Ich halte sie nun kurz und gut für unschuldig und das macht mir Freude. Was auch Erfahrung und Weltkenntnis mir selbst dagegen einwenden, das schlage ich mit der tröstlichen Wahrheit nieder: es gibt Ausnahmen und Rose Renaud ist eine Ausnahme. Wenigstens hat sie die Uniform der Tugend, die Sittsamkeit noch nicht abgelegt und solange sie die Uniform trägt, solange glaube ich, und will es durchaus glauben, sie sei im Dienste der Tugend.

Am 31.

Aus dem heutigen Tageblatte.

„E d l e T h a t d e s P f a r r e r s z u T e r n a n, n a h e b e i S t. J e a n d ' A n g e l y.

Der unglückliche la Tierce, Herr der Burg Varaise, bebte in der Mitte von 15 bis 1800 aufgewiegelten Meuchelmördern, die mit Messern, Sensen, Sicheln und Beilen über ihn herfielen. Plötzlich stürzt ein Geistlicher, Pfarrer des Kirchspiels zu Ternan, sich zwischen das blutende Opfer und die Henker. Seine Gegenwart hemmt auf einen Augenblick ihre Wuth. Er redet die Sprache des Gottes, dem er dient, die Sprache des Friedens; er schildert das Henkermäßige ihres Verfahrens, sagt ihnen, daß nur das Gesetz im Namen der Gottheit strafen dürfe, und schlägt ihnen vor, den Herrn la Tierte in ein Gefängniß zu sperren, bis man ihm sein Urtheil gesprochen. Umsonst! das Gedränge um sie her wird immer größer, die Wuth immer zügelloser.

Jetzt erblickt der Geistliche die offne Thür eines Hauses, bis vor welche das heftige Drücken und Drängen des Volks ihn und das Schlachtopfer von ungefähr gestoßen und geschoben hatte; er wagt es zu hoffen, er stößt den Gegenstand der Volkswuth rasch in das Haus, stürzt sich ihm nach und schlägt die Thür hinter sich zu!

Alles vergebens! Die Unsinnigen sprengen die Thür in einem Augenblicke, reißen la Tierce aus den Armen des Geistlichen und schleppen ihn von neuem auf den Markt. Der Geistliche achtet nicht der Gefahr seines eignen Lebens, er drängt sich mit Gewalt mitten unter die Henker, und da man seine Stimme nicht mehr hört, da seinem unbewaffneten Arm nichts anders übrig bleibt, so schlingt er ihn um den bebenden la Tierce, drückt ihn gegen seine Brust und wähnt, ihm so zum Schilde zu dienen. Aber in diesem Augenblick empfängt la Tierce einen Sensenhieb über den Kopf und eine Flintenkugel in die Brust. Der Unglückliche fällt und bespritzt mit seinem Blute seinen edelmüthigen Vertheidiger."

„Am 29. hielt die königliche Gesellschaft des Ackerbaues ihre öffentliche Sitzung. Unter den Preisen, welche sie vertheilte, ist die silberne Medaille von 100

Livres der Madame Rattier, Frau eines *Valet de Charrue* (Karrenführer) zuerkannt worden, und die Handlung, wodurch sie diesen Preis verdient hatte, versetzte die ganze Versammlung in eine süße Rührung.

Dieser edlen Frau wurde vor fünf Jahren ein Kind anvertraut, dessen Eltern sie seitdem nicht wieder ausfindig machen konnte. Sie selbst hat vier Kinder und nicht mehr als 50 Thaler jährlich einzunehmen, welche ihr Mann im Schweiß seines Angesichts verdient. Doch verließ sie ihren kleinen Zögling nie. Man rieth ihr vergebens, ihn in's Findelhaus zu bringen, und selbst dann, als die immer steigende Theurung aller Lebensmittel sie in Mangel und Noth versetzte, fuhr sie fort, für die arme verlassene Waise zu thun, was sie für ihre eignen Kinder that."

Solche Züge von Herzensgüte sind freilich, Gott sei Dank! unter allen Völkern nicht selten, aber – man muß gerecht sein – nicht unter allen Völkern werden sie öffentlich bekannt und belohnt.

Eine neue Probe von Sittenverderbtheit in dem nämlichen Tageblatt.

„Ein junges Frauenzimmer von angenehmem Umgange, die lesen, schreiben und mit der Wäsche umzugehn versteht, wünscht als Gesellschafterin bei einem einzelnen Herrn anzukommen." – In Deutschland würde man mit Fingern auf eine Person deuten, die sich öffentlich als Gesellschafterin eines einzelnen Herrn, zu Deutsch Maitresse, ausbietet.

Als ich diesen Morgen bei dem Baron G– frühstückte, ließ die Witwe Calas ihm den Tod ihres einzigen Sohnes melden. Sein Tod ist zugleich der Fall ihrer letzten Stütze. Die unglückliche Frau! Ich fühlte in diesem Augenblicke, dass es doch noch größere Leiden gibt als die meinigen. Zwar hat sie mit dem Tode ihres Mannes gewiss nicht mehr verloren als ich, aber sie hat es auf eine schreckliche Art verloren. Unbegreiflich ist es mir, dass sie noch lebt oder dass sie noch ihres Verstandes mächtig ist und beinahe möchte ich mit Lessing ausrufen: Wer über gewisse Dinge den Verstand nicht verliert, der hat keinen zu verlieren.

Baron G– sagte mir, sie sei schon seit einigen Jahren sehr schwach und fast fühllos geworden gegen alles, was um sie her vorgeht.

Dieser Baron G–, dessen Bekanntschaft ich nicht ohne Vorurteile machte, da ich erst kurz vorher die *Suite des Confessions de Rousseau* gelesen hatte, ist der liebenswürdigste Greis, sanft und zuvorkommend, einnehmend und liebreich, bekannt in allen Fächern der Wissenschaften, doch nie sein Wissen auskramend, sondern immer nur das Gespräch auf die natürlichste, ungesuchteste Weise durch seine Kenntnisse würzend. Der gute Rousseau war gewiss nicht selten Visionär.

Hernach habe ich diesen Morgen noch mancherlei Dinge gesehn. Ich bin auf der Bibliothek des Königs gewesen, es ist aber ebenso gut, als ob ich nicht da gewesen wäre. Denn wem es bekannt ist; dass man daselbst dreimal hunderttausend gedruckte Bücher und hunderttausend Manuskripte findet und wer übrigens weiß, wie ein Buch aussieht, der weiß gerade so viel davon wie ich; oder man müsste mich darum beneiden, dass ich schöne lange Säle durchwandert habe.

Eine große Bibliothek auf eine halbe Stunde lang zu besehen, kommt mir am Ende ebenso zwecklos vor wie einen großen Gelehrten zu besuchen. Das seltenste Buch sieht von außen ebenso aus wie der neueste Leipziger

Meßartikel, so wie der größte Gelehrte sich durch nichts Äußerliches von seinen dümmern Brüdern unterscheidet. 300000 Menschen kann man allenfalls manövrieren lassen, aber 300000 Bücher kann man nur ansehn.

Die Manuskripte auf Papyrus und auf Wachstafeln habe ich mit Interesse gesehn. Ist noch ein Stäubchen von der Hand übrig, welche diese Züge entwarf? – Die beiden großen Globen, von denen man viel Rühmens macht, scheinen mir doch durch den Gottorp'schen Globus in Petersburg übertroffen zu werden, obgleich unser Führer das Gegenteil versicherte.

Dieser unser Führer war ein Abbé, dessen Namen ich vergessen habe. Statt uns die Merkwürdigkeiten der Bibliothek zu zeigen oder auch nur auf unsere Fragen zu antworten, hatte ihn der Henker alle Augenblicke in der Politik. Er bewies mir, der ich ohne ihn schon davon überzeugt war, der Friede mit Schweden sei ein Meisterstück von russischer Seite; er entwickelte den Plan einer französischen Allianz mit Russland, zu welcher wir beide wohl wenig beitragen werden; er berührte kürzlich die Verhältnisse der europäischen Höfe gegeneinander, kurz, er jagte mich aus der Bibliothek des Königs mit dem flammenden Schwerte seiner Beredsamkeit über Hals und Kopf heraus.

Die Bibliothek der Sorbonne, wohin ich nun fuhr, ist klein, besitzt aber auch einige seltene Manuskripte. Man hat deren in den letzten Tagen einige gestohlen und der Aufseher, der uns herumführte, ließ uns merken, dass die Herren von der Sorbonne selbst sie mitgehn ließen, da ein jeder von ihnen einen Schlüssel von der Bibliothek besitze und sonst niemand hineinkomme. Ich kann das den Leuten nicht verdenken, denn sie erwarten in Kürze das Dekret von der Nationalversammlung, kraft dessen auch ihr Eigentum für das Eigentum der Nation erklärt werden soll.

Das Grabmal des Kardinal Richelieu in der Kirche der Sorbonne ist ein Meisterstück der Bildhauerkunst. Der Kardinal ruht in den Armen der Religion, zu seinen Füßen die weinende, verhüllte Weisheit in Gestalt eines Weibes. Dergleichen lässt sich nicht beschreiben, man muss es sehn. Wissen möchte ich aber, warum Griechen und Römer, Franzosen und Italiener die Weisheit in Gestalt eines Weibes abbilden und warum wir uns denn doch immer über gelehrte Frauen lustig machen? Nur von S t e i n mögen wir die weibliche Gelehrsamkeit leiden.

Da ich an dem Gewölbe der Kirche einige Arbeiter auf Gerüsten sah, so frug ich, was man da mache? – „Man nimmt", war die Antwort, „auf Befehl der Nationalversammlung das Wappen des Cardinal Richelieu, welches hie und da prangt, allenthalben weg."

„Warum das?"

„Weil alle Wappen im ganzen Reiche proskribiert sind."

Das ist lustig. Richelieu hat sich einen Adel errungen, den keine National- und keine Völkerversammlung ihm rauben wird, wenn man auch alle seine Wappen zertrümmert.

Die Façade der Kirche der heiligen Genovefa hat mich entzückt. Hätte ich mein Auge zu gleicher Zeit für alle die armseligen Hütten rings umher verschließen können, so würde meine Einbildungskraft mich nach Athen versetzt haben, denn bei dieser Kirche erinnert auch kein spitzig in die Wolken hinausgaffender Turm an den allerchristlichsten König und das achtzehnte Jahrhundert. Aber der schöne freie Platz ist mit Hütten – wie soll ich es nennen? – eingezäunt.

Das *Theatre italien* kündigte auf heute die erste Vorstellung eines kleinen Schauspiels an, dessen Titel mich unwiderstehlich anlockte: *Les derniers momens de Jean Jacques Rous-*

seau (Rousseaus letzte Augenblicke). Die Vorstellung dieses Sonderlings auf der Bühne hat mich außerordentlich bewegt. Alles, was er sagte, war aus seinen Schriften gezogen, alles, was er tat, gründete sich auf historische Wahrheit.

Das Stück spielt in Rousseaus Zimmer in Ermenonville. Ein Klavier, ein Schreibtisch und das Bild der Madame de Warens sind dessen Zierraten. Therese, Rousseaus Frau, und seine alte achtzigjährige Amme unterhalten sich von den traurigen Schicksalen dieses verfolgten Weltweisen, von der Ruhe, die er jetzt genießt und harren mit Verlangen auf seine Zurückkunft von einem gewöhnlichen Morgenspaziergange, um mit ihm zu frühstücken.

Nun erscheint Rousseau! Der Schauspieler, der ihn darstellte, hatte ihn gewiss sehr treu kopiert, denn im ganzen Hause entstand auf einmal ein froher Tumult. Wahrscheinlich hatten ihn die meisten der Zuschauer selbst gekannt oder doch oft gesehn; ein schallendes Bravo! tönte dem Künstler entgegen – und – Rousseaus Witwe, die wirklich im Schauspiel war, wurde ohnmächtig.

Seine Kleidung war ganz grau, auf dem Kopfe eine runde Perücke, seine Knie ein wenig gebogen, sein Gang ängstlich, sein ganzes Wesen sehr sanft und heiter. Er trug unter dem Arm ein Bündel Kräuter und in der Hand ein Vogelnest, in welchem er seinen Hausgenossen sechs Junge zeigte. Als Therese ihn wegen der Grausamkeit schalt, die Jungen der Mutter geraubt zu haben, da erzählte er mit rührender Naivetät, wie er seit vierzehn Tagen jeden Morgen diese Vögel belauscht, wie er heute Zeuge gewesen, als die Mutter sie gefüttert, aber gleich nachher von einem Sperber zerrissen worden sei. Da habe er denn das Nest mitgenommen und bitte sie, die Kleinen zu erziehen.

„Was willst du denn damit machen?", frägt Therese.

„Ihnen die Freiheit geben, sobald sie sie gebrauchen können."

Gleich dieser erste Zug erhielt außerordentlichen Beifall, der nach und nach immer stärker und schallender und zügelloser wurde. Man ließ beinahe keine Periode vorbeigehn, ohne sie zu beklatschen, dass einem die Ohren gellten. Ich habe gar nicht geklatscht, aber ich habe geweint.

Darauf setzt sich Rousseau mit seiner kleinen Familie zum Frühstück und siehe da, es war das lebendige Bild des Frühstücks, wie er es in seinen *Confessions* beschreibt, zu der Zeit, als er noch bei dem *Marechal de Luxembourg* wohnte. Ich kann meine innerlich sanfte und doch heftige Bewegung bei alledem nicht beschreiben. Die Tränen drängten sich unaufhörlich in mein Auge, ich gab mich ganz der Täuschung hin, die noch weit größer gewesen sein würde, wenn das verdammte Klatschen sie nicht alle Augenblicke unterbrochen hätte.

Das Frühstück ist geendigt und Rousseau empfiehlt seiner Therese, zu einer armen Frau zu gehn, die mit dem achten Kinde in den Wochen liege und hilfsbedürftig sei. Bald nachher erscheint ein junger Tischlergesell, der einige Arbeit für Rousseau bringt. Rousseau liest Kummer auf seinem Gesicht, frägt ihn und erfährt, sein Vater solle heute wegen einer Schuld von 300 Livres ins Gefängnis wandern und er, der Jüngling, verliere eben dadurch ein geliebtes Mädchen, das er im Begriff gewesen sei zu heiraten und das der Vater ihm nun nicht geben wolle, da er seine Familie für entehrt halte. – Rousseau beklagt seine Ohnmacht, ihm zu helfen. – Der Jüngling bittet, ein gutes Wort für ihn bei Herrn von Girardin, dem Herrn des Gutes, einzulegen. Rousseau verspricht es.

Als der junge Mensch fort und Rousseau eben darauf denkt, ihm Wort zu halten, bringt ihm Monsieur Duval einen Brief von seinem Buchhändler Rey und 300 Livres als die Auszahlung der jährlichen Rente, welche Rey ihm ausgesetzt hatte. (Im Vorbeigehn muss ich anmerken, dass

Duval eine National-Kokarde am Hute trug und durch diesen Anachronismus der Täuschung gewaltig schadete.)

Rousseau, höchst erfreut über diesen Zufall, hält Rat mit seiner Frau und Amme, ob sie jetzt Geldes bedürftig sind? Und da sie ihm N e i n antworten, so schickt er sogleich wieder nach dem jungen Tischlergesellen und gibt ihm den vollen Beutel. Dieser glaubt, Mr. de Girardin mache ihm dies Geschenk und – der schönste Zug – R o u s s e a u l ä s s t i h n b e i d i e s e m G l a u b e n. – Der Jüngling will ihm aus Dankbarkeit für seine kräftige Fürsprache zu Füßen fallen. „Das ist erniedrigend für dich und mich", sagt der Weltweise.

„Darf ich – darf ich", – stottert der Jüngling zitternd, indem er seine Arme gegen seinen Wohltäter ausbreitet.

„Ei, warum nicht?", sagt Rousseau und drückt ihn an sein Herz. Wenig Augen blieben bei dieser Szene trocken.

Der Jüngling fliegt nun, seinen Vater zu befreien und Rousseau erhält einen Besuch von seinem Freunde, Monsieur de Girardin, welchem er entdeckt, dass er seine letzte Stunde herannahen fühle, dass er diesen ganzen Morgen eine ungewöhnliche Schwäche verspürt habe, dass sein Auge dunkel geworden sei und er umsonst versucht habe, zu lesen. Er dankt dem braven Manne, der ihm eine Zuflucht gab, wo er ruhig sterben kann, für alle seine Freundschaft, empfiehlt ihm sein Weib und schenkt ihm zum Andenken sein eigenhändiges Manuskript von *Contrat Social*, welches Girardin mit Entzücken annimmt, an seine Lippen drückt und – nun kommt eine französische Übertreibung – behauptet, Gott habe dieses Werk diktiert. Wir werden also bald einen fünften Evangelisten haben.

Jetzt erscheint der junge Tischler wieder, mit seinem Mädchen und seinem Vater, welche alle den Herrn Girardin mit feurigen Danksagungen überhäufen, die dieser natürlich gar nicht versteht und nicht zu deuten weiß.

Rousseau genießt dabei schweigend eines seligen Augenblickes und als seine Therese den Umstehenden das Rätsel löst, umringen sie seinen Sessel und liebkosen ihn.

Doch nun fühlt er immer näher und gewisser den letzten Augenblick seines Lebens. Er lässt das Fenster öffnen, um noch einmal die Sonne zu sehn und bewundert zum letzten Male die Pracht der Schöpfung. „Das ist Gott! Gott, der mich zu sich ruft!" Mit diesen Worten sinkt er zurück auf den Sessel, die Umstehenden bilden eine rührende Gruppe um ihn und der Vorhang fällt.

Also wirklich ein Trauerspiel und das erste französische Trauerspiel in Prosa und das Erste, worin die Schauspieler vernünftig, natürlich und ohne Luftsäbeln spielten. Möchte der außerordentliche Beifall, den dieses Stück erhielt, die Franzosen belehren, dass dieser Weg der Weg der Natur ist, der einzige, um allen Völkern in allen Zeiten zu gefallen. Als der Vorhang fiel, waren tausend Schnupftücher in Bewegung, tausend Stimmen riefen laut und zweitausend Hände klatschten. „*L'auteur! l'auteur!*", erscholl es auf einmal aus allen Winkeln und Ecken, aus Logen und Parterre.

Es währte lange, ehe man auf der Bühne darauf zu achten schien, aber das Geschrei verdoppelte sich und tobte unaufhörlich fort. Endlich rollte der Vorhang in die Höhe. Ein Schauspieler trat auf und sagte: „Messieurs, der Verfasser ist Monsieur Bouilly, der nämliche, dem wir auch *Pierre le grand* zu verdanken haben."

Der Vorhang fiel wieder, aber der Lärm hörte drum noch nicht auf. „*L'auteur! l'auteur!*", kreischte man in eins fort und unter beständigem Händeklatschen. Nach zehn Minuten ungefähr, da man sah, das Publikum werde sich nicht beruhigen, ging der Vorhang abermals auf, ein Schauspieler erschien und sagte: „*Messieurs, nous avons cherché l'auteur par tout, mais il n'est pas ici.*" (Meine Herren, wir haben den Verfasser überall gesucht, aber er ist nicht hier.)

„*Il est ici! Il est ici!*" (er ist hier!), schrie das ganze Haus. Woher sie das so gewiss wussten, das begreife ich nicht. Vielleicht hatte man ihn während der Vorstellung in einer Kulisse stehen sehn. Endlich, da das Publikum sich auf keine Weise abspeisen ließ, so trat der Verfasser sehr bescheiden und sehr verlegen, wie es schien, auf die Bühne und machte eine tiefe Verbeugung, worauf er sich unter dem tobendsten Beifall zurückzog.

„Jean Jacques! Jean Jacques!", schrie nun alles so lange, bis auch der Schauspieler, der den Rousseau gespielt hatte, hervortrat. Der Verfasser hielt ihn an der Hand, beide verbeugten sich ehrerbietig gegen das Publikum und darauf umarmte der Dichter den Künstler öffentlich. Beide gingen Arm in Arm ab. Den unaussprechlichen Tumult des Publikums muss man selbst gehört haben, um sich eine Vorstellung davon zu machen.

Die andern beiden Stücke, welche man heute gab, waren unerträglich langweilig. *Lucas et Luzette*, Oper in einem Akt, *Felix*, Oper in drei Akten, fade Musik, fader Text, fade Intrigen. Lächeln musste ich über die alte Amme, welche im *Felix* vorkommt und eine Deutsche sein soll. Das arme Weib hatte das Deutsche ganz vergessen, denn sie radebrechte einige Worte auf das jämmerlichste. J a   E r r.   H a b i t   b l a u.   K r u s e   R o c k.

Die Pariser Fischweiber erhalten heute im Journal de Paris ein so ausgezeichnetes Lob, dass ich mich nicht entbrechen kann, es zu übersetzen.

„Die *Dames de la Halle*", heißt es daselbst, „wurden bei Eröffnung dieser Sitzung vorgelassen und brachten ihre guten Wünsche dar, für den glücklichen Erfolg der Bemühungen der Repräsentanten der Nation. Die Versammlung hörte diese Wünsche gern, aus welchen das Herz des Volkes sprach. Man weiß, daß die Damen der Halle schon öfter in dieser Revolution aufgetreten sind, und immer voll Vaterlandsliebe. Ihr Charakter, von jeher zur Unabhängigkeit geneigt; das Freie in ihren Reden, das man ihnen selbst dann verzeihen mußte, als man noch so wenig verzieh; Alles das mußte ihnen einen vorzüglichen Eifer für die öffentliche Freiheit einflößen, und wie unbekannt müßte man mit den Ursachen sein, die auf diese Begebenheiten Einfluß gehabt haben, wenn man an dem ihrigen zweifeln könnte."

„Vor einiger Zeit hätte eine solche Bemerkung den Leuten von gutem Ton vielleicht manche Spötterei entlockt, die ihnen sehr witzig vorgekommen sein würde; aber was ist er denn jetzt, dieser g u t e T o n ? was ist aus ihm geworden in dem Augenblicke, wo die männliche und stolze Stimme der Freiheit sich erhub?"

Freilich, dieser g u t e T o n ist verschwunden. Ob aber die Fischweiber etwas Besseres an seine Stelle geliefert haben, das kann jeder beurteilen, der sich auch nur drei Tage in Paris aufhält.

Am 1. Januar 1791

Sei freundlich gegrüßt, erster Tag in diesem neuen Jahre! Gott sei Dank! Das unglücklichste Jahr meines Lebens liegt hinter mir! Ich bin gewiss, es muss besser mit mir werden, weil es nicht schlimmer werden konnte. Die Zukunft kann mir wenig rauben, aber viel wiedergeben. Ich habe keine Hoffnungen mehr für diese Welt, was ich da verlor, ist unersetzlich! Aber sei willkommen, du nettes Jahr! Ein Schritt näher zu den Hoffnungen jener Welt! –

Vor einem Jahre um diese Zeit saß ich in meinem Studierzimmer, mein Wilhelm trat herein und rezitierte keck und wohlgemut einen niedlichen Neujahrswunsch, den die Mutter ihn gelehrt hatte und die Mutter stand hinter der

Tür und lauschte, ob er es auch recht machen werde? Ich schloss sie in meine Arme, sie weinte. „Warum weinst du?"

„Ach! Dass ich dir vor einem Jahre an diesem Tage vergebens die Wiederherstellung deiner Gesundheit wünschte, und sie dir vielleicht heute wieder vergebens wünsche."

„Sei ruhig", sagte ich, „ich bin ja glücklich, und habe frohe Tage in diesem Jahre erlebt, und die Frohsten durch dich!"

Ja freilich war ich glücklich, meinem siechen Körper zum Trotz. Ich bin seitdem gesunder geworden, aber mein froher Mut ist zu Grabe gegangen, der einzige Genuss, der mir übrig blieb, sind die Freuden der Vergangenheit, meine einzige Hoffnung die Freuden der Zukunft, einer Zukunft, wo ich sie wiederfinde! Sie, die unter Millionen Mädchen allein mich ganz glücklich machen konnte, sie, die ich unter Millionen wirklich finden musste – um sie zu verlieren! – Warum musste ich sie finden! – Und doch – um alle Schätze der Welt möchte ich diese frohen sechs Jahre nicht aus meinem Leben wegstreichen, möchte nicht die kleinste meiner Freuden vergessen, wenn ich es auch könnte. Der Fluss Lethe der Griechen scheint mir eine abgeschmackte Erfindung zu sein. Als ob nicht überall, und gewiss auch dort noch, die Rückerinnerung den größten Teil unserer Freuden ausmachte? Ja, meine teure, angebetete Friederike! Gewiss gedenkst auch du noch meiner! Vielleicht an dem heutigen Tage, wenn es anders für dich noch Tage und Stunden gibt; vielleicht in diesem Augenblicke, da diese Träne deinem Andenken warm über meine Wange herunterfließt und auf den kleinen Hund fällt, der dein Liebling war und der nun immer auf meinem Schoße liegt, wo er, wie du weißt, sonst nicht liegen durfte.

Ich war diesen Morgen in der alten Kirche *de notre Dame*, ein gotisches, geschmackloses und doch Ehrfurcht erweckendes Gebäude, inwendig mit teils vortrefflichen Gemälden geziert. Die katholischen Kirchen sind doch alle weit zweckmäßiger gebaut und ausgeschmückt als die protestantischen. Man wird hingerissen zur Frömmigkeit, man mag wollen oder nicht und am meisten dann, wenn es ganz still in der Kirche ist, wenn weder Gesang, noch Messe, noch Predigt die Andacht stört, sondern nur einzelne Leute ab- und zugehn, hier und dort hinknien und leise beten. In protestantischen Kirchen mangelt es ganz an Stille. Man hat geglaubt, die Frömmigkeit müsse auch Z e i t v e r t r e i b haben, könne nicht aus sich selbst den Faden der Andacht spinnen, darum jagt ein holpriger Gesang den andern und Gebete und Litaneien verfolgen sich bis zum Ekel. Ist das vorbei, so schließt man den Tempel zu und der liebe Gott gibt weiter keine Audienz für solche, die gern still und andächtig in einem Winkel knien und vor dem Schöpfer der Welten ihr Herz ausschütten möchten, ohne durch Singsang und langweilige Predigten daran gehindert zu werden. Um allen Vorwurf der Parteilichkeit von mir abzulehnen, muss ich noch hinzusetzen, dass ich ein Lutheraner bin.

In der großen hohen Kirche *de notre Dame* fanden wir kaum ein Dutzend Leute, die, ohne auf uns zu achten, hier und dort auf den Knien lagen. An einem der dicken Pfeiler der Kirche saß eine Nonne mit sechs kleinen, uniform gekleideten Mädchen. „Das sind Findelkinder", sagte unser Führer, „das Findelhaus ist nur wenige Schritte von hier."

Sogleich richteten wir unsern Weg dahin und – Dank dir, Gott! für die ersten süßen und frohen Augenblicke in diesem neuen Jahre. Wir wurden in einen großen Saal geführt, welcher in vier Reihen hundert kleine Betten fasste, in jedem Bette lag ein Kind, keines über ein Jahr alt, alle sauber gewaschen und gewickelt, bei allen das Bettzeug weiß wie gefallener Schnee, die Luft rein und temperiert, ohne den mindesten üblen Geruch.

Eine alte Nonne kam uns entgegen und empfing uns mit der offensten Heiterkeit. „Kommen Sie", sagte sie, „meine zahlreiche Familie zu besuchen? Ich bin eine glückliche Mutter, ich habe heute zum Neujahrsgeschenk schon zehn kleine Kinder bekommen." Sie zeigte sie uns, man wusch und speiste sie eben. Eine Menge erwachsener Mädchen, auch Findelkinder, saßen vor dem Kamin, reichten sich die kleinen Ankömmlinge wechselsweise zu und vergalten so an diesen armen Dingern, was man einst an ihnen getan hatte. Man hätte glauben sollen, hundert Kinder müssten ein gewaltiges, ununterbrochenes Geschrei machen, aber man hörte nur wenig quäken, ein Beweis, dass sie sich wohl befinden und ihnen nichts mangelt.

Das Findelhaus hat im verflossenen Jahre 5842 Kinder aufgenommen, es hält 17000 Ammen auf dem Lande, aber die gute alte Nonne klagte, dass es ihr jetzt so schwer werde, Ammen zu bekommen, da sie sie nicht bezahlen könne, seit man ihr kein Geld mehr auszahle und die Nationalversammlung sich des Hauses noch nicht angenommen habe. Sie zeigte uns, wie die Kinder mit Reis und Milch gefüttert wurden, welche Methode sie gar nicht billigte. Vor einigen Jahren hatte man alle Ammen abschaffen und diese Art, die Kinder zu speisen, durchgehends einführen wollen, aber man hatte bald von diesem Vorhaben wieder abstehen müssen.

Ein Schauer hat mich überlaufen bei der Erzählung von allen den Kindern, welche hier das venerische Gift schon mit auf die Welt bringen. Seit fünfunddreißig Jahren ist die alte Nonne Vorsteherin dieses Hauses, nie, sagt sie, hat es daran gefehlt, aber so arg wie es seit zehn Jahren geworden, ist es noch nie gewesen. Zum Glück leben solche Kinder selten länger als einige Wochen.

Mit dem ganzen Bewusstsein der erfüllten Pflicht und der Sicherheit und Ruhe, welche daraus erwachsen, erzählte uns die brave *Soeur de la Charité*, dass, ob sie gleich täglich mit allen diesen venerischen, krätzigen und aussätzigen Kindern umgehe, sie wasche, reinige, salbe, sie selbst doch in 35 Jahren nicht ein einziges Mal angesteckt worden sei, ob sie gleich kein anderes Präservativ brauche als reines Wasser.

Diese Nonne gehört gewiss unter die glücklichsten Menschen, nicht allein in Paris, sondern in der ganzen Welt. Eine solche süße Ruhe und Heiterkeit sah ich noch auf wenig Gesichtern. Sie trug den Himmel in ihrem Herzen und das gab ihr den vollen Reiz der Sanftmut und Duldsamkeit hier auf Erden. Auch mit den bereits etwas erwachsenen Kindern ging sie um wie die zärtlichste Mutter, alle hatten so viel Zutrauen zu ihr, waren dreist und sprachen ohne Scheu. Sie zeigte uns ein niedliches kleines Mädchen und bat uns, dasselbe zu fragen, wo es gefunden worden sei?

„Dans la neige" (im Schnee), antwortete das arme kleine Ding.

Über der Tür des Saals hängt eine Tafel mit folgender Inschrift: *„Mon pere et ma mere m'ont abandonné, mais le Seigneur a pris soin de moi."* (Mein Vater und meine Mutter haben mich verlassen, aber der Herr hat sich meiner angenommen.)

Ein besonderes Zimmer enthielt die Wäsche dieser kleinen Verlassenen und war vom Fußboden bis zur Decke mit weißer Wäsche vollgepfropft.

Wir schieden von der guten alten Nonne mit Tränen im Auge. Ich werde die Stunde nie vergessen, die ich dort zubrachte. O! Wäre meine Friederike bei mir gewesen! Welch ein Genuss für ihre gute sanfte Seele! Mich dünkt, ich sehe die Tränen der Wehmut, die sie vergossen haben würde und die sie so gern weinte.

Das heutige Tageblatt enthält einen drolligen Scherz:

„Man hat uns folgende Neuigkeit zugesandt, deren Authenticität wir nicht verbürgen können. – In dem Dorfe Romecourt, bei Mezières-le-vic, ist eine Frau mit drei Knaben niedergekommen, denen man die Beinamen N a t i o n, G e s e t z und K ö n i g gegeben hat. N a t i o n und G e s e t z sind gestorben, aber der K ö n i g lebt und befindet sich wohl."

Unser Vorsatz war, heute das *Theatre français comique et lyrique* zu besuchen, wo man ein sehr beliebtes und schon oft wiederholtes Stück, N i c o d e m u s i m M o n d e, gab. Aber wir hatten uns verspätet und fanden das Haus so gepfropft voll, dass wir weiterfahren mussten.

So führte uns unser böser Genius in das *Theatre comique, des Associés* genannt, wo wir noch mit genauer Not ein Plätzchen fanden, wo Hitze und Gestank uns peinigten und wo ein pöbelhafter Lärm hinter uns und vor der Tür, uns noch die paar Brocken raubte, die wir allenfalls hätten aufschnappen können.

Aber es war auch kaum der Mühe wert zuzuhören, denn eine schlechtere Bühne ist mir auf unsern Pariser dramatischen Wallfahrten noch nicht vorgekommen. Man gab *l'honnête homme*, Lustspiel in einem Akt. Es war etwas so gewaltig Alltägliches, ich sah es zum ersten Male, aber es kam mir vor, als hörte ich es schon hundert Mal gesehn. *Le triomphe de l'amour*, Drama in drei Akten, ein weinerliches, abgeschmacktes Ding. Nie hat wohl die Liebe einen langweiligern Triumph gefeiert. Und endlich *les etrennes de la liberté conquise* (die Neujahrsgeschenke der errungenen Freiheit). Schauspiel mit Gesang in einem Akt.

Dies Letztere war über allen Ausdruck albern. Mercur erschien und kündigte an, dass Minerva, Mars, Bacchus und Cupido auf dem Wege nach Paris waren, um am Neujahrstage, der hiesigen Gewohnheit gemäß, Boutiquen zu errichten und ihre Waren feilzubieten. Die angekündigten Götter erschienen auch sogleich. Jeder sang sein Gesetzchen, und zwar ohne musikalische Begleitung, nur gab ihnen jedes Mal vorher eine einzelne Violine Ton, Takt und Melodie an, worauf sie denn mit echten Bänkelsänger-Stimmen ihr Couplet herausgurgelten und auch dann noch oft ganz herauskamen.

Die vier Götter traten nun in die vier Ecken der Bühne, welche statt einer Illumination mit einigen gewöhnlichen Laternen behängt war und diese vier Ecken nannten sie ihre Boutiquen.

Es erschienen allerlei Käufer. Minerva bot ihre Weisheit und Mars seine Tapferkeit; immer umsonst feil. Dem Letztern sagte man, von seiner Ware habe man hier überall vorrätig und die Franzosen wären das erste Volk, welche die Freiheit herab auf die Erde gebracht hätten. Alle Augenblicke wurde la Fayette genannt und besungen. Wohl ihm, dass er nicht zuhören durfte. Die Geistlichkeit musste, wie jetzt überall, auch hier wieder Stoff zum Lachen hergeben. Unter den Käufern nämlich war ein Abbé, dem man seine Pfründen genommen und den Minerva zu sich einlud, welcher er entdeckte, sein Orden habe zwar immer die Lehren der Weisheit im Munde, aber nie im Herzen getragen. Er lässt sie stehen und geht zu Bacchus und Cupido, welche überhaupt die meisten Kunden hatten.

Da aber der Käufer im Grunde doch immer nur wenige waren und die Götter sich darob verwunderten, so erschien endlich die Freiheit selbst in Gestalt einer dicken Viehmagd und sagte, sie wolle ihnen das Rätsel lösen. Bekanntlich liebten die Franzosen die Veränderung in ihren Vergnügungen; Weisheit, Tapferkeit, Liebe und Wein hätten sie schon seit vielen Jahrhunderten besessen, aber die Freiheit noch nie, daher laufe man jetzt auch nur dieser nach. Lustig genug, dass die Frau Freiheit sich nur als ein Vergnügen betrachtete, das die Franzosen sich einmal zur Veränderung gewählt haben. Lustig genug! Zumal, da es mir wahr scheint.

Herzlichere Langeweile habe ich in Paris nicht empfunden, als an diesem Abend.

Das Palais royal war heute sehr glänzend, alle Buden auf das Prächtigste und Geschmackvollste verziert und illuminiert. Besonders hatten die Zuckerbäcker niedliche, wunderschöne Sachen verfertigt und die überzuckerten Franzosen wallfahrteten sehr häufig zu ihnen.

Am 2. Januar

Folgende Anzeige im heutigen Tageblatt liefere ich in der Überzeugung, sie sei nur Scherz, weil es beinahe unmöglich ist, dass ein Mensch solchen Unsinn im Ernst träumen könne.

„In den Bureaus des Foyer des Circus, in der Straße *du grand Chantier No. 1* in der ersten Etage findet man eine Maler-Werkstatt, wo man geschickter wird als Raphael, Rubens und Michel Angelo. Für 18 Livres bis 100 Louis kann man fünfundzwanzig Portraits in Oelfarbe in einem Tage malen, 30, 40, 240 in 8 Tagen, in 2 oder 3 Monaten auf's längste. Für Arme ist Alles dies gratis. Man ist völlig gewiß, dort in wenig Tagen sein Glück zu machen, entweder durch vortreffliche Bedienungen, oder durch unermeßliche Lotterien, wo Niemand einsetzt, und doch Jedermann gewinnt; und endlich durch Spekulationen, und große unfehlbare Entreprisen, deren Unfehlbarkeit in hundert neuen und erstaunenswürdigen Bänden dargethan ist. Man läßt sich daselbst in Oel malen von 12 Livres bis 100 Louis, und ebenso in allen andern Gattungen der Malerei nach Proportion."

(Meine Leser erstaunen? O, das ist noch alles nichts.)

„Man findet daselbst Oefen von 15 Zoll im Durchschnitt, und 25 Zoll hoch, welche eben so viele Wärme geben, als funfzig gewöhnliche Oefen, und für 12 Sous täglich den ganzen Circus heizen können. Ferner: Kamine von Glas, von unverbrennbarem Papier, Oefen von Flor, Glas, Holz, Pappe, Leinewand, von 9 Livres bis 50 Louis."

Wenn das kein Spaßvogel hat einrücken lassen, wovon man jedoch keinen Wink in den Affichen findet, so ist es vermutlich aus dem Tollhause zum Einrücken gesandt worden. Ich werde kein Tor sein, hinzufahren, damit mirs nicht geht wie den Zuschauern des Hans Nord, als er versprach, in eine Flasche zu kriechen.

Heute war ich so krank, dass ich nicht ausgehen konnte. Schon seit einigen Tagen fühlte ich, dass dieser Besuch mir drohe, ich glaubte ihn durch Zerstreuungen zu verscheuchen, aber vergebens! Ich musste zu den alten treuen Freunden, die sich mir schon seit einigen Jahren aufgedrungen haben, Kamillentee und Pulver, meine Zuflucht nehmen. Was vormals alle meine körperlichen Leiden mit sanfter Hand milderte, habe ich verloren und fühlte es heute wieder doppelt.

O meine Friederike! Wie ungerecht war ich gegen das Schicksal, wenn ich oft die Rose, die mir blühte, so ganz ohne Dornen pflücken wollte. Selbst jene Stunden des

Leidens, wo ich ängstlich und beklommen im Zimmer auf und nieder ging und nicht sprechen konnte, weil mir das Sprechen sauer wurde und nichts denken konnte als mich selbst; – Ja, selbst die Rückerinnerung an jene Stunden hat jetzt Reize für mich. Du saßest dann in einem Winkel des Sofas und schwiegst und nähtest und blicktest immer verstohlen über dein Nähzeug weg nach mir hin und nahmst dich wohl in Acht, eine Träne aus dem Auge zu wischen, bis ich dir etwa den Rücken gewendet hatte. So vergingen oft Stunden, alles Körperliche in mir war Schmerz, alles Geistige heitere Ruhe und Gefühl häuslichen Glücks. Sobald nun die körperlichen Empfindungen nachließen und die geistigen die Oberhand behielten, dann reichte ich dir im Vorbeigehn die Hand, dann wusstest du schon, dass mir anfing, besser zu werden, dann legtest du flugs dein Nähzeug weg und standest auf und gingst mit mir Arm in Arm. O, nun wurde mir so wohl! Ein Kuss und alles war vergessen!

Froh warf ich mich auf das Sofa, innig froh, mit dir allein zu sein, denn nie ist mir mit dir allein die Zeit lang geworden. Du nahmst ein Buch und lasest mir vor; oder du gingst an dein Klavier, ich ergriff meine Flöte und wir spielten eine Sonate von Hoffmeister. – O, ihr seligen Stunden! Wir waren uns so ganz genug! Und wenn wir uns auch einmal einbildeten, ein Ball oder etwas dergleichen werde uns Freude machen und wenn wir nun auch wirklich hingingen, – Ja, lieber Gott! Kaum schlug die Uhr zehn, so kam Friederike zu mir, oder ich zu ihr, und raunte ihr ins Ohr: „Sollen wir noch nicht wegfahren?" „O ja", war immer die Antwort. Wir fuhren und die ersten Worte, mit welchen wir unser Zimmer betraten, gewöhnlich: „Gott Lob, dass wir wieder zu Hause sind!"

Arme Menschen, die ihr nie eheliche Glückseligkeit schmecktet und vielleicht gar drüber hohnlächelt; ihr seid

nur in einem Stücke zu beneiden: I h r h a b t n i c h t s
z u v e r l i e r e n.

Gegen Abend wagte ich es doch, in die Oper zu fahren. Man gab Armide, ein herrliches, Sinne berauschendes Schauspiel. Ich sage nichts von der Musik, ich bin nicht Kenner, aber Glucks Name bürgt für ihre Vortrefflichkeit. Herrliche Dekorationen, über allen Ausdruck schön, der feurige Regen, der zuletzt vom Himmel fällt, unter welchem sich Armide in die Lüfte erhebt und auf ihr brennendes, in Trümmern zusammenstürzendes Schloss herabblickt. Es war fürchterlich schön.

Eine Bemerkung bleibt mir noch zu machen übrig, welche vorzüglich unsere deutschen Schauspieler angeht. Die Oper war heute ungewöhnlich leer, vermutlich, weil die *Comediens de Monsieur* heute ihren neuen Schauspielsaal eröffnen und alles dort zusammenströmte. Trotz dieser Leerheit spielte und tanzte und sang alles mit der nämlichen Vollkommenheit, mit dem nämlichen Eifer wie sonst. Da sah man kein träges, unfreundliches Gesicht, dem es auf der Stirn geschrieben steht: „heute tue ich nur meine bezahlte Pflicht". Die deutschen Schauspieler hingegen wollen immer ein volles Haus und haben sie das nicht, so plappern sie ihre Rollen geschwind und mit einer sichtbaren Verdrossenheit her. Sie sind froh, wieder von der Bühne wegzukommen und der Zuschauer ist auch froh, sie weggehn zu sehn. Ich habe das oft an unsern größten Künstlern bemerkt und das ist nicht fein.

Am 3.

Ich mag nicht länger in Paris bleiben. Denn wenn ich auch ein Jahr lang hier wohnte, so würde ich doch nie hier zu Hause sein und wo ich nicht zu Hause bin, da gefällt mirs auch nicht. Eine Menge Kleinigkeiten, deren jede einzeln genommen, nichtsbedeutend ist, machen im Ganzen mir den Aufentalt unbehaglich und ich glaube, das würde bei jedem der Fall sein, der sich an eine gewisse einförmige Art zu leben gewöhnt hat oder warum soll ich es nicht gerade heraussagen? Der ein wenig bequem ist, wie ich.

Ich pflege des Morgens vor 6 Uhr aufzustehn. In Deutschland kann ich mein Frühstück zu jeder Stunde haben, hier muss ich warten, bis es dem Garçon auf dem Kaffeehause gefällig ist, aufzustehn und an mich zu denken und das geschieht nie vor halb neun Uhr, also drei Stunden sitze ich nüchtern und weil ich das nicht gewohnt bin, so macht mirs unangenehme Empfindungen.

Z w e i t e n s : Der Kamin wärmt mich nur von vorne und das Zimmer erwärmt er gar nicht. Ich liebe eine gleich verbreitete Wärme und das immer brennende Feuer im Kamin verdirbt mir die Augen.

D r i t t e n s : Ungeachtet unsere Zimmer recht artig mit Seide und Mahagoni möbliert sind, so ist doch der Fußboden nur mit Steinen ausgelegt und das ist mir sehr zuwider, weil ich immer warme Stiefeln tragen muss, um mir nur die Füße nicht zu erkälten.

V i e r t e n s : Da man hier erst gegen Mittag aufsteht, so speist man auch erst gegen Abend zu Mittag. Das ist unleidlich für den, der sich gewöhnt hat, sein Körperuhrwerk täglich zu einer gewissen Zeit aufzuziehn.

F ü n f t e n s : Wenn man nun lange genug auf die Mittagskost gewartet hat, so ist sie noch überdies erbärmlich und kaum genießbar; vorausgesetzt, dass man nicht einen Louis für die Portion zu zahlen Lust hat. Ich aber, der ich einen halben Laubtaler bezahle und meine, man dürfe dafür immer vier gute Schüsseln erwarten, ich habe mit fader Fleischbrühe, unzerhaubarem Rindfleisch, einem ekelhaften Frikassee und einem ausgetrockneten Braten vorliebnehmen müssen und hätten wir uns nicht täglich Kartoffeln kochen lassen, so hätten wir hungrig vom Tische gehen müssen. Der Wein ist ebenso schlecht als teuer und das Wasser, wenn es auch gleich filtriert ist, immer milchhaft, trübe und süßlich schmeckend.

S e c h s t e n s : Die Betten sind hart wie die Bänke in einer Wachstube und wer vollblütig ist, der mag sich hüten, denn man legt ihm nichts unter den Kopf als ein närrisches, rundes Ding von einer Form, ungefähr wie die Kissen, welches auf unsern Sofas dazu dienen, die Arme darauf ruhen zu lassen. Immer muss ich Mantel und Pelz unterstopfen, um nur den Kopf mit den Füßen in eine Parallellinie zu bringen, um den Schwindel zu vermeiden.

S i e b e n t e n s : Der Schlaflustige, der um zehn Uhr zu Bett geht, darf deswegen noch keine Rechnung darauf machen, um zehn Uhr einzuschlafen, ehe und bevor er sich nicht an das Rasseln der Wagen gewöhnt hat, welches bis gegen zwei Uhr dauert. Es ist immer, als ob die Olympischen Spiele unter seinen Fenstern gefeiert würden und alle Fiaker von Paris um den Preis wettrennten.

Das sind die Beschwerden innerhalb der vier Mauern, welche man bewohnt. Wagt man sich heraus, so sei man gerüstet zum neuen Kampfe gegen tausend Unbequemlichkeiten.

A c h t e n s . Man geht zu Fuße und da watet man in schwarzem Kote, rennt hier an ein Wasserfass und dort an ein Fischweib, hier an einen Ausrufer und dort an einen Sänftenträger; wird bespritzt von hundert Mietwagen, wird angezapft von hundert Bettlern, wird eingeladen von hundert Freudendirnen, wird aufgehalten von hundert Savoyarden, die ihm dies und jenes verkaufen wollen und jeden Fremden dabei für so dumm halten, dass er sich durch den Titel M y l o r d werde übertölpeln lassen, sein Geld auf die Straße zu werfen. Hat man sich nun ganz dicht an der Mauer eine Straße lang hinuntergeschoben und will man quer über die Straße gehn, um in eine andere zu kommen, so muss man sein Tempo gut wahrnehmen, um nicht gerädert zu werden. Ich, der ich nie lieber meinen Grillen nachhänge, als wenn ich auf der Straße gehe, finde alles dies unleidlich.

N e u n t e n s : Man fährt und da hängt man alle Augenblicke in den engen winklichten Straßen mit hundert andern Wagen zusammen, da muss man geduldig sitzen und warten, sich ängstigen und frieren, oft Viertelstunden und länger, ehe der Knäuel sich loswickelt und die Geschicklichkeit des Mietkutschers alle Hindernisse überwindet. Ist man an Ort und Stelle, so wird man selten ohne Zank abkommen, denn immer behauptet der Fiaker eine Viertel- oder eine halbe Stunde länger gefahren zu haben, als wirklich geschehen ist. Man weiß, dass die Fiaker nie höflich waren und dass die Freiheit ihre Sitten nicht verbessert hat.

Z e h n t e n s : Eine meiner Hauptbeschwerden ist die Luft in Paris. Wenn auch der Himmel blau und heiter ist, so ruht doch auf der Stadt ein ewiger Nebel und selten kann man die Gegenstände am andern Ende der Straße erkennen. Die Bestandteile dieses Nebels sind größtenteils ein beißender Rauch, der vermutlich aus den vielen Garküchen aufsteigt, der meine Augen oft wund gebissen und mich genötigt hat, in meinem Wagen Tränen zu vergießen. Ja, ich fühlte endlich, dass, wenn auch die Ursache nicht mehr da war, die Wirkung doch fortdauerte und meine Augen wirklich sehr angegriffen worden sind.

E l f t e n s : Der unausstehliche Egoismus der Menschen drückt mich.

Und endlich z w ö l f t e n s : man mag sich noch so sehr vorsehen, so wird man hier und dort und überall um sein Geld geprellt und so grob, so gewissen- und schamlos geprellt, dass die tiefe Verachtung, welche man für solche Menschen fühlen muss, endlich zur lästigsten und drückendsten Empfindung wird.

Ich muss bei dieser Gelegenheit einer lächerlichen Anekdote erwähnen. Es wurde mir im Palais royal eine kleine spanische Hündin zum Kauf angeboten. Da das arme kleine Tier, welches mir meine geliebte Friederike hinterlassen, jetzt oft Langeweile hat, weil ich es nicht allentalben mit hinnehmen kann, so beschloss ich, ihm eine Gehilfin zu geben und vermählte ihn mit der kleinen spanischen Pariserin. Das Hündchen war von einer schönen braunen Farbe, nach und nach aber fing es an heller zu werden, nach und nach wurde es gelb, und endlich spielte die gelbe Farbe sogar ins Weiße: kurz, das Tier war gemalt. Mir war das nun zwar sehr gleichgültig, denn auf die Farbe kam es mir nicht an und ihrem Gemahl ebenso wenig, aber es ist doch ein jämmerlich kleinlicher Betrug.

Das sind die z w ö l f P u n k t e , die mich hier täglich verdrießlich machen und als ich diesen Morgen das alles in meinem Herzen bewegte, brachte es mich plötzlich zu dem Entschlusse, Paris morgen zu verlassen.

Aber Paris verlassen, ohne in der Nationalversammlung gewesen zu sein? Nein, das geht nicht. Zwar hat es der Herr Abbé de R– gemacht wie alle seine Landsleute, er hat uns mit schönen Worten genarrt, von Tage zu Tage Billets zu schicken versprochen, mich dadurch gehindert, sie anderwärts zu suchen und noch bis heute nicht Wort gehalten. Zum Glück kann man für Geld alles haben, also auch Billets in die Nationalversammlung, mit welchen ein gewaltiger Handel getrieben wird, der den Repräsentanten der Nation unmöglich verborgen sein kann und den sie um ihrer Ehre willen nicht leiden sollten. Unser Bediente verschaffte uns sehr bald zwei Billets für 3 Livres das Stück.

Als wir noch weit von dem ehemaligen Reithause entfernt waren, welches zu den Sitzungen eingerichtet worden, mussten wir vor einem Tore aussteigen und durch zwei bis drei Höfe waten. In einem derselben konnte man die Schuhe im Kote stecken lassen, der andere war ganz voll Wasser, ein paar Savoyarden hatten Bretter drübergelegt und ließen sich das wie billig bezahlen; vielleicht hatten sie auch das Wasser zuvor hingetragen. Alles das gab mir noch keine große Idee von der Versammlung der 1200 Majestäten.

Nun näherten wir uns dem Gebäude selbst, und horch! Die Freiheit tönte uns schon von ferne entgegen, denn wenigstens auf zweihundert Schritt von der Treppe schlug ein pöbelhaftes Gelächter an mein Ohr. Dieses Gelächter kam aus dem V e r s a m m l u n g s s a a l e . Wir wurden auf eine Galerie geführt, die bereits drei Mann hoch mit Menschen dicht besetzt war, also nicht einmal bequeme Plätze für unsere 6 Livres. Der Saal ist sehr lang und breit, auf beiden Seiten der Länge nach erheben sich amphitheatralisch Reihen von Bänken, auf welchen die Mitglieder sitzen; viele gehen aber auch herum, wo sie wollen oder stehen in dem mittlern Gange, laufen bald hinüber, bald herüber, tragen Schreibtafeln in den Händen und schreiben von Zeit zu Zeit ein paar Worte hinein.

Die Debatte war heute sehr lebhaft. Als wir ankamen, stand eben linker Hand ein junger Mann, deklamierte gegen die Geistlichkeit und sprach von einem Priester, der seinem Eide die Einschränkung beigefügt habe: „gemäß dem, was der Herr Bischof von Lydda gesagt hat". Darüber entstand ein gewaltiger Lärm, man schrie ohne alle Ordnung untereinander, man schraubte sich, man sagte *„bons mots"* und lachte sich alsdann sehr unschicklich aus. Dieses pöbelhafte Lachen, welches sehr oft wiederholt wurde, schien mir der Würde der Versammlung nicht angemessen und ich gestehe, dass, wenn ich ein Mitglied derselben wäre, mich ihre witzigen Einfälle und ihr Lachen herausjagen würde, so wie es mich sogar als Zuschauer herausjagte; denn nachdem man feierlich beschlossen, „die Geistlichkeit solle ohne alle Einschränkung schwören" und man nun zu der Untersuchung überging, „wie in Zukunft die Zeugenverhöre abgefasst werden sollten", so interessierte mich das zu wenig und ich ging fort. Mit großen Erwartungen kam ich hin, mit ganz winzigkleinen Bildern in der Seele fuhr ich wieder weg.

Nachmittags packten wir unsre Koffer und verspäteten uns darüber so sehr, dass wir keinen Platz mehr in der Oper fanden, welche wir zum letzten Male besuchen wollten. Wir fuhren also in das *Theatre de Ia nation*, wo man Turcaret, ein niedliches, von Witz übersprudelndes Lustspiel und mir die Überzeugung mit auf den Weg gab, dass die französischen Schauspieler im Lustspiel von keiner Nation übertroffen werden.

Eine Anekdote, welche ich diesen Mittag v o n s e h r g u t e r H a n d erfuhr, darf ich nicht vergessen. Als der Herzog von Orleans am Neujahrstage bei Hofe war und sich vor dem Kamine wärmte, sagte einer von den Hofleuten zu einem Dritten, doch so, dass der Herzog es recht gut hören konnte: „Was will dieser Ravaillac hier?" Herr von Orleans war so klug, sich taub zu stellen.

Am 4.

Des Morgens um 6 Uhr fuhren wir abermals mit der famosen Diligence von Paris ab. Doch dieses Mal habe ich mich zum Teil wieder mit ihr ausgesöhnt, denn wir fanden nur einen einzigen Gefährten darin, einen Buchdrucker, der nach Petersburg ging, sehr bescheiden war und uns folglich nicht überlastete. Wir hatten also bequeme Sitze, konnten uns ausbreiten nach Gefallen, konnten die Fenster auf- und zumachen wenn wir wollten, hörten keine abgeschmackten Scherze und kein Alltagsgewäsch, hatten vortreffliches Wetter; Alles das versetzte uns in bessere Laune als das erste Mal und gab uns Mut und Kraft für die übrigen Unbequemlichkeiten, welche zu heben nicht in unserer Macht stand.

Als wir nach einer Stunde ungefähr Paris im Rücken hatten und zum ersten Mal wieder frische, ungeräucherte Luft schöpften, o, da fiel mir ein Stein von Herzen. Überhaupt sind meine Empfindungen, wenn auch nicht f r o h , doch nie so s a n f t gewesen wie in den beiden ersten Tagen unserer Reise. Wir fuhren beständig an den Ufern der Marne, die so blühend, so angebaut, so reizend sind und von einer so warmen Frühlingssonne beschienen wurden, dass ich mich wundere, wie dieses Land nicht Scharen von Idyllendichtern hervorbringt. Ich habe immer das Fenster offen gehabt und immer hinausgestarrt in die schöne liebe Natur und nichts gedacht, aber viel empfunden. Dank dir, ehrlicher Buchdrucker!, dass du immer schliefst und nichts sprachst.

Wir gingen dieses Mal über St. Menehoud nach Metz, wo wir am 7. ankamen. Das Schauspiel, welches ich sogleich besuchte, soll eines der Besseren in den französischen Provinzen sein; das Haus war recht artig, aber alles Übrige nicht des Ansehns wert.

Wir nahmen in Metz einen Mietkutscher, der schon ein schlechtes lothringisches Deutsch sprach und den wir bis Mainz bedungen. Der arme Teufel, dem auch die Freiheit ein wenig im Kopfe wirbelte, wäre in Deutschland beinahe ein Märtyrer derselben geworden; denn die braven Deutschen hängen an ihren Fürsten, wenn sie b r a v sind mit

Leib und Seele. Ein solcher ist d e r F ü r s t v o n L e i n i n g e n, von welchem unser Kutscher in einem Wirts hause ungebührlich sprach, weil er, wie er meinte, Chaus seegeld habe bezahlen müssen für eine Chaussee, die noch nicht existiere. Nun ist es zwar wahr, dass mit dem Chaus seegelde in Deutschland gewaltiger Unfug getrieben wird, aber der Kutscher hätte denn doch bescheidner sprechen sollen. Auch bekam es ihm übel. Der Wirt, ein alter Mann, schien anfangs nicht viel darauf zu achten; sein Sohn hin gegen, ein junger rascher Kerl, nahm das Ding schief, polterte und schimpfte, teils auf die ganze französische Nation, teils auf das französische Individuum, unsern Kut scher. Das brachte endlich auch das träge Blut des Alten in schnellere Bewegung, er nahm Teil an der Fehde; umsonst gab der Kutscher die besten schönsten Worte und erklärte alles, was er gesagt, für unverfänglichen Scherz, Vater und Sohn machten Anstalten, ihn derb durchzuprügeln. Es hielt schwer, Frieden zu stiften. Ohne unsere Vermittelung hätten sie ihn gewiss auf drei Tage zum Fahren untüchtig gemacht. Ich wette, wenn der Kerl nach Hause kommt, so sagt er: *"Ces b-allemands! il ne vaut pas la peine, leur precher la liberté."*

Kurz vor diesem Unfalle sahen wir plötzlich, als wir zwi schen Bergen und Waldungen uns durchwanden, ein nied lich gebautes Jagdschloss in einer wilden, sehr romantischen Gegend, nicht weit davon im Gebüsch ein kleiner runder Tempel mit der Überschrift: S a l o m o n G e ß n e r. Der Anblick war mir außerordentlich überraschend. Ich ließ halten, stieg aus und wallfahrtete hinüber. Der kleine Tem pel war noch nicht ganz fertig, es war auch übrigens nichts Besonderes da zu finden, aber die Idee ist allerliebst und Segen dem Fürsten, der deutsche Dichtkunst ehrt.

Als wir an das obbemeldete Haus kamen, wo die Lei ningischen Patrioten wohnten und erzählten, was wir gesehen hatten, rief der Alte: „O ja, das kenne ich, das ist Salomons Tempel."

In demselben engen Tale habe ich auf einem Berge die malerischsten Ruinen gesehn, die vielleicht in Deutschland gefunden werden. Man sagte mir, es sei ein Schloss, das im dreißigjährigen Kriege zerstört worden. Doch mein Gewährsmann ist ein Jude, dem ich keine tiefen historischen Kenntnisse zutraue.

Am 12.

kamen wir endlich nach Mainz, fürs Erste das Ziel meiner Reise. Hier ist das Klima sanft und mild, die Gegenden rings umher göttlich schön und der Umgang sehr angenehm – für den, der gern allein lebt. Das Schauspiel ist eines der besten in Deutschland, es besitzt vortreffliche Mitglieder, die deutsche Muse ist dem Herrn Baron von Dalberg Dank schuldig. Die Herren K o c h , C h r i s t und P o r s c h sind Vertraute und Lieblinge ihrer Kunst. Den Ersteren sieht man nur zu selten, weil man ihn immer zu sehen wünscht. Die sanfte Madam P o r s c h , die schalkhafte Madam M e n d e und Madam E u n i k e , die geborne G u r l i , sind Zierden dieser Bühne. Überhaupt wird man selten auf einem Theater so viele hübsche Gesichter antreffen wie auf dem hiesigen. Auch die Oper ist vorzüglich gut besetzt. Ich darf nur Madam W a l t e r und Madam S c h i c k nennen, um dieses Urteil zu rechtfertigen.

Was ich sonst noch von und über Mainz zu sagen wüsste, das – sage ich nicht.

www.ingramcontent.com/pod-product-compliance
Lightning Source LLC
Chambersburg PA
CBHW020126010526
44115CB00008B/998